LIVRE D'OR DU FOOTBALL 2015

Directeur : Jean-Louis Hocq
Responsable d'édition : Benoît Bontout
Assistante d'édition : Chloé Herbin
Création graphique et couverture : Thierry Sestier
Réalisation : Graph'M
Fabrication : Emmanuelle Laine

ISBN : 978-2-263-06997-0
Code éditeur : S06997
Dépôt légal : août 2015

Imprimé en France par Loire Offset Titoulet

Retrouvez-nous sur www.solar.fr

Solar | un département **place des éditeurs**

place
des
éditeurs

FABRICE JOUHAUD
GÉRARD EJNÈS

Préface de MATHIEU VALBUENA

LIVRE D'OR DU FOOTBALL 2015

SOLAR
EDITIONS

MATHIEU VALBUENA

« J'ai hâte d'être à l'Euro »

Pour moi, la saison 2014-2015 aura été placée sous le signe de la découverte. Le changement n'a rien d'évident, quand on a connu qu'un seul club tout au long de sa carrière professionnelle. Surtout quand ce club s'appelle l'Olympique de Marseille. Depuis Moscou, j'ai suivi avec une attention particulière son parcours. Cet OM façon Bielsa a surpris, séduit. Mais, au final, son panache a eu un goût amer, avec une 4e place.

À l'inverse, le PSG n'a pas impressionné grand monde, mais il a sacrément étoffé son palmarès en conservant sa couronne de champion de France et en s'adjugeant les deux Coupes nationales. Didier Deschamps m'a inculqué la culture de la gagne, en me rappelant que lorsque le temps avait fait son œuvre, il ne restait que les titres.

Bien sûr, l'idéal, c'est de combiner plaisir et efficacité. C'est ce qui est arrivé au FC Barcelone, emmené par son fantastique trio Neymar-Messi-Suarez, mais aussi par un collectif impressionnant dans son expression avec ou sans le ballon. Je n'ai pas oublié mes racines espagnoles ni mes vacances, gamin, sur la terre de mes ancêtres. Chaque été, quand nous nous rendions dans la famille de mon père, le détour par le Camp Nou avait valeur de pèlerinage.

Si la saison 2014-2015 avec l'équipe de France ne s'est pas du tout terminée comme nous le souhaitions, les deux défaites contre la Belgique et l'Albanie ne doivent pas éclipser tout ce que nous avions réalisé jusqu'ici. Ce n'est pas rien. Il y a deux ans, nous avions raté notre tournée en Amérique du Sud. Après une Coupe du monde au Brésil plutôt réussie, nous avons quand même battu l'Espagne et le Portugal. Ces revers vont nous obliger à nous remettre tous en cause. Nous sommes conscients que l'Euro 2016 en France va susciter un engouement immense. Nous serons attendus, notre droit à l'erreur sera extrêmement limité. Pour être franc, j'ai déjà hâte d'y être.

M.V.

BELGIUM
LA LOUVIERE
BELGIQUE
FRANCE
07-06-2015
STADE DE FRANCE
EURO 2016 QUALIFIERS

LIVRE D'OR DU **FOOTBALL** 2015

SOMMAIRE

> SÉLECTIONS ET ÉQUIPES DE FRANCE

> COUPES ET CHAMPIONNAT DE FRANCE

> EUROPE COUPES ET CHAMPIONNATS

LIVE YOUR GOALS

Sélections et équipes de FRANCE

UN PRINTEMPS EN PENTE DURE

Entièrement tournés vers la conquête de l'Euro 2016, Didier Deschamps et ses Bleus ont acquis de l'expérience en 2014-2015, ne concédant qu'une seule défaite, contre le Brésil, en 10 matchs. Un bilan prometteur.

C'est d'abord l'histoire d'une réconciliation. Rentrée dans la détestation populaire du Mondial 2010, l'équipe de France vit de nouveau sous les feux de l'amour à son retour du Brésil 2014 : « La réconciliation avec notre public est essentielle. Elle est presque aussi importante à mes yeux que les résultats obtenus », explique Noël Le Graët, président de la Fédération française.

Au Brésil, le sélectionneur Didier Deschamps a progressé de façon supersonique. Au-delà d'une place en quart de finale, il a quasiment trouvé, avec deux ans d'avance, son équipe type pour la grande aventure qui commence et doit déboucher sur un succès dans le championnat d'Europe 2016 qui se déroulera en France.

Tout semble tellement huilé que l'on craint même de s'ennuyer un peu d'ici là, hors de tout match officiel et dans le simple questionnement de qui sera remplaçant du remplaçant.

AUF WIEDERSEHEN, *FRANCKIE*

Heureusement, la vie est faite de surprises, bonnes ou mauvaises. Dans ce sport de toutes les incertitudes, les impondérables sont permanents. Le premier vient de Franck Ribéry qui décide de clore son chapitre international au cœur du mois d'août. Sous de futiles prétextes familiaux, Kaiser Franck cache mal son dépit de ne pas être aimé autant qu'il estime le mériter. Tout le monde pense à un coup de tête provisoire. Il n'en est rien. Et l'émergence d'Antoine Griezmann atténue le choc.

Pour pimenter son ordinaire, la France a obtenu d'être placée dans un groupe qualificatif où elle jouera un tournoi « pour du beurre ». Et pour pimenter ce piment, elle reprend le collier par un match de prestige « hors groupe » contre l'Espagne championne d'Europe en titre.

« La joie et le bonheur qu'ils ont à se retrouver font plaisir », souligne Deschamps. Devant 75 000 supporters, l'équipe qui débute le match ressemble furieusement à celle qui s'est inclinée contre l'Allemagne deux mois plus tôt. Seul Cabaye, blessé, en est absent. Sissoko le remplace.

Très vite, on s'aperçoit que le bel élan n'est pas brisé. Après un but refusé à Benzema (49e) pour un hors-jeu imaginaire, c'est Rémy qui inscrit l'unique but du match (73e). Entré un quart d'heure plus tôt à la place de Griezmann, le nouveau joueur de Chelsea reprend du gauche au premier poteau une passe en retrait de Valbuena.

« Nous avons fait un bon match contre une grosse équipe d'Espagne », estime le Madrilène Benzema. « C'est une grande équipe, mais on ne les a pas laissés jouer », ajoute le brillant Pogba. « Cette belle victoire doit nous donner encore plus de confiance », déclare Deschamps.

Benzema bien plus haut que Alba.

Place maintenant aux fameuses fausses qualifications avec une entame à Belgrade contre la Serbie, membre de ce groupe I que fréquentent aussi le Portugal, le Danemark, l'Arménie et l'Albanie. Quatre jours après le succès contre l'Espagne, Deschamps titularise Sagna, Digne, Matthieu, Schneiderlin, Cabella et Rémy.

Cette équipe mixte démarre pied au plancher. Sur un corner de Cabella, Pogba ouvre le score d'une reprise du droit aux 6 mètres (13e). Cabella rate un break évident à la reprise (46e) et les coups de feu de Kolarov vont finir par faire mouche. Deux fois Lloris s'oppose à des frappes lointaines du défenseur de Manchester City, mais il s'incline sur la troisième, un coup franc flottant de 25 mètres (80e). Et le gardien capitaine évite la défaite aux Bleus en repoussant sur son poteau une reprise d'Ivanovic (88e).

Deschamps affirme avoir éprouvé « beaucoup de satisfactions sur ces deux matchs », même si l'« on peut faire mieux ». Mais Digne révèle innocemment le fond de la pensée du sélectionneur : « Le coach nous a dit que c'était rageant de ne pas avoir gagné ce soir. » Deschamps n'aime que la victoire.

VARANE, 21 ANS ET CAPITAINE

Un mois plus tard, il va être servi dans ce qui est le grand choc du groupe. Ronaldo et le Portugal sont à Saint-Denis, où seule la pelouse n'est pas royale. Sagna, Mangala et Mandanda remplacent Koscielny, Debuchy et Lloris, blessés. Et le match est un modèle d'équilibre. Possession partagée à 50-50, 12 tirs de chaque côté, mais deux fois plus de buts pour les Français.

On joue depuis seulement trois minutes quand une frappe de Sagna est repoussée par le gardien Rui Patricio sur Benzema qui marque son 25e but en bleu. Mandanda n'est guère en danger, sauf peut-être sur une tête de Ronaldo (51e), jusqu'à ce que Pogba, décalé par Benzema, aggrave le score d'une frappe du droit (69e). Dans la minute qui suit, Matuidi rate le but de la punition et c'est finalement Quaresma qui réduit la marque sur penalty, à la suite d'une faute de Pogba sur Mario (77e).

Pogba et Varane ont été brillants. « On est dans la continuité », se réjouit Deschamps qui ajoute : « Pogba et Varane ? Ça arrive des joueurs comme ça. Tant mieux s'ils sont français. »

« Pogba et Varane ? Ça arrive des joueurs comme ça. Tant mieux s'ils sont français. »

DIDIER DESCHAMPS

Pogba, le maillon fort des Bleus avec Sagna, Varane et Matuidi.

« On évoluait dans un système délicat. Pour défendre, on n'avait pas l'habitude et on manquait de lucidité pour attaquer. »

PAUL POGBA

« Battre l'Espagne et le Portugal, il faut le faire », explique Paul le Turinois presque épaté. Le voyage qui suit, en Arménie, est forcément moins excitant. Trois jours après un bon match nul (1-1) contre la Serbie, le sélectionneur suisse des Arméniens, Bernard Challandes, n'est guère optimiste : « Pour moi, c'est un match de merde. Samedi, mes joueurs ont tout donné. Rejouer trois jours après est un calvaire. »

Le mot est un peu excessif, mais sous les ordres du capitaine Matuidi, la célèbre équipe mixte de Deschamps, avec Matthieu, Jallet, Digne, Payet, Schneiderlin, Rémy, Sissoko et Gignac au coup d'envoi, n'a pas besoin de beaucoup briller pour s'imposer (3-0) sur des buts de Rémy (7e), Gignac (55e sur penalty, son premier but en bleu depuis cinq ans) et Griezmann (84e).

En seconde période, Varane est devenu à 21 ans le deuxième plus jeune capitaine de l'histoire des Bleus (Étienne Jourde avait 20 ans en… 1910). « Pour l'instant, on est premiers du groupe. Même si l'adrénaline n'est pas naturelle dans ce genre de match, on a su être performants », analyse Deschamps.

Au cœur de l'automne, l'affiche suivante n'est guère plus excitante. À Rennes, l'Albanie rend visite aux Bleus. La curiosité provient de la première titularisation (après trois entrées en cours

Gignac, le retour.

de jeu) du Lyonnais Alexandre Lacazette, lequel va former un duo offensif avec Benzema. Pour permettre au défenseur de la Roma Yanga-Mbiwa d'être titulaire, il faut que Sakho, Koscielny, Mangala et Matthieu soient forfaits.

Les Albanais viennent de s'imposer au Portugal (1-0) et de tenir le Danemark en échec (1-1). Ils poursuivent leur belle série en décrochant un nouveau match nul (1-1). Mavraj devance Pogba pour ouvrir le score d'une reprise de la tête en lucarne (40e) et il faut attendre longtemps avant l'égalisation de Griezmann lancé par Jallet (73e). Dans la foulée, Benzema rate une énorme opportunité d'offrir la victoire aux siens (75e).

Le positionnement en losange du milieu de terrain français n'a pas été un franc succès. « On évoluait dans un système délicat, regrette d'ailleurs Pogba. Pour défendre, on n'avait pas l'habitude et on manquait de lucidité pour attaquer. » « Je ne veux pas condamner ce système, ajoute Deschamps avec un poil d'hypocrisie, mais on a plus de repères avec une attaque plus positionnée sur la largeur. » Adieu le losange pour recevoir la Suède à Marseille trois jours plus tard et pour toujours sans doute. Ce soir-là, tout le monde attend Zlatan qui relève tout juste de blessure et vient d'effectuer sa rentrée (un but à la clé) contre le Monténégro. Mais la star ne quittera pas le banc.

LE CHOIX DE FEKIR

Pour Deschamps, il s'agit d'un retour à Marseille, une ville qu'il a quittée dans la douleur d'une séparation compliquée et qui, ce jour-là, se passionne surtout pour la garde à vue de ses présidents passés ou présent. L'accueil qui lui est réservé lui fait chaud au cœur. Au coup d'envoi, Mandanda, Mangala, Kurzawa (première titularisation), Guilavogui, Griezmann, mais aussi bien sûr les Marseillais ou assimilés, Gignac, Payet et Valbuena, sont titulaires.

Dans une ambiance délétère, la rencontre est médiocre. C'est Varane, capitaine au coup d'envoi, qui la débloque in extremis d'une reprise de la tête sur un corner de Griezmann (83e). Trois minutes plus tard, Benzema rate un penalty.

Valbuena, toujours là.

Deschamps est dubitatif : « L'actualité est ce qu'elle est, mais le groupe était concentré sur le match. L'esprit du groupe est là. » L'année 2014 est close, une année durant laquelle les Bleus ont disputé 15 matchs pour 10 victoires, 4 nuls et une seule défaite (contre l'Allemagne). Un joli bilan.

La première actualité de l'année pré-championnat d'Europe concerne le sélectionneur qui prolonge son contrat jusqu'en 2018. Nous sommes là dans un mariage d'amour. La seconde concerne le Lyonnais Nabil Fekir, 21 ans, déchiré entre ses racines algériennes et sa nationalité française. Après une longue valse-hésitation doublée d'un imbroglio, il opte pour la France. Nous sommes là dans un mariage de raison. Son potentiel peut lui permettre d'atteindre des sommets internationaux et il a bien compris qu'il risquait de se retrouver vite à l'étroit sous le maillot vert des Fennecs. « Deschamps s'est montré très convaincant », concède-t-il.

Le sélectionneur le « récompense » d'une première présence dans une liste à l'occasion du double affrontement contre le Brésil et le Danemark. Et c'est face aux quintuples champions du monde, rien que ça, que le Lyonnais va connaître l'honneur d'une première cape, en remplacement de Griezmann (74e).

Meurtrie par son piètre Mondial, l'équipe désormais entraînée par Dunga se reconstruit très vite. Elle vient d'enchaîner six victoires consécutives et en décroche une septième haut la main avec Thiago Silva en défense et Neymar désormais capitaine.

DES SIFFLETS ANTI-LYONNAIS

Sans doute n'est-ce pas un hasard si depuis qu'il a connu sa première sélection, les Bleus n'ont jamais gagné quand Pogba était absent, ce qui est le cas ce soir-là. Alors certes, sur un corner de Valbuena, Varane ouvre le score de la tête (21e), son second but d'affilée en bleu (une première pour un défenseur depuis Laurent Blanc en 1989-1990), mais la suite est inexorable. Plus vifs, plus techniques, plus séduisants, plus forts, les Brésiliens inscrivent trois buts par Oscar (40e), Neymar (57e) et Luiz Gustavo (69e) et s'imposent aisément (3-1).

> « Je ne prétends pas à une place de titulaire. Je viens de vivre un tournant. Je suis un peu soulagé. »
>
> NABIL FEKIR

Les Bleus du capitaine Benzema, qui a trouvé que « les Brésiliens étaient à un très haut niveau », sont un peu remis à leur place. « Ils sont arrivés en demi-finale quand même, rappelle Deschamps. Ce soir, on l'a vu. C'est bien que l'on soit dans l'adversité et dans la difficulté aussi. On va apprendre par rapport à l'objectif qui est le nôtre. »

Car les Bleus ne doivent pas se tromper d'objectif. En 2016, ils vont défier des nations européennes. Comme le Danemark peut-être, qu'ils affrontent à Saint-Étienne quatre jours plus tard. « On ne se voyait pas les plus beaux avant le Brésil, rappelle Deschamps, on n'est pas les plus nuls aujourd'hui. »

Dans une ambiance un peu aigre, liée à des sifflets anti-Lyonnais, la France de Ruffier, Jallet, Trémoulinas, Kondogbia, Payet, Lacazette ou Giroud offre une très belle première période. Lacazette ouvre son compteur buts en bleu (14e) et Giroud double la mise (38e), installant le score final (2-0). La seconde période est anecdotique et mièvre, tout juste marquée par l'entrée de Fekir (60e) et la première sélection de Zouma (82e).

« Je pensais que l'on allait enfoncer le clou en seconde période, cela s'est un peu délité », constate le consultant vedette Bixente Lizarazu. Fekir la joue profil bas : « Je ne prétends pas à une place de titulaire. Je viens de vivre un tournant. Je suis un peu soulagé. »

Pour boucler la saison footballistique, il faut encore au détour du mois de juin se livrer à quelques devoirs de vacances.

LES CENTENAIRES à l'honneur

L'Équipe avait lancé l'idée d'une ultime sélection contre le Brésil pour Thierry Henry quand celui-ci avait annoncé qu'il mettait un terme à sa carrière. Finalement, la fédération a opté pour un hommage aux centenaires avant le coup d'envoi du match contre le Brésil au Stade de France. C'est en présence du président de la République François Hollande que Henry (123 sélections), mais aussi Marcel Desailly (116), Zidane (108), Vieira (107) et Deschamps (103) sont honorés. Un grand absent, le recordman Lilian Thuram (142) qui n'a pas pu, ou pas voulu, se libérer.

Opposé à Luiz Gustavo
et au Brésil, Fekir brille d'entrée.

Nainggolan passe en force.

UNE DOUBLE CLAQUE QUI FAIT MAL

Pour boucler la saison, il faut encore au mois de juin se livrer à quelques devoirs de vacances. C'est l'époque où les joueurs ne rêvent que de farniente. Au moins les Bleus baignent-ils dans une douce quiétude pour préparer leurs matchs contre la Belgique et l'Albanie. Roland-Garros bat son plein et la finale de C1 s'avance en majesté. Elle mobilise Pogba et Evra. Blessés, Benzema et Debuchy sont également absents.

« J'ai vu de l'enthousiasme à l'entraînement. Il y a beaucoup d'énergie qui se dégage du groupe. Je n'ai pas d'inquiétude », déclare Deschamps.

Au sortir d'une défaite contre un pays classé 2e au classement FIFA, le discours a évolué. Il faut dire que la Belgique a surclassé la meilleure équipe de France possible du moment. Deux buts de Fellaini (17e et 42e) ont fait la différence. La seconde période aurait pu tourner au carnage. Nainggolan trompe Lloris (50e). Valbuena transforme un penalty généreux (53e). Hazard fait de même dans la foulée (54e). Par bonheur, Lukaku envoie sur la barre un ballon qui ne demandait qu'à aller au fond (62e). Du coup, les buts extrêmes de Fekir (89e), son premier en bleu, et Payet (90e + 1) atténuent le choc. Ntep effectue ses débuts (80e).

Deschamps utilise des mots d'usage : « La Belgique a été supérieure, notamment dans l'engagement. Je ne suis pas inquiet, l'envie était là. » Mais le lendemain, dans *L'Équipe*, on apprend qu'au repos il a rudement secoué ses joueurs en termes peu amènes : « Vous n'êtes pas des professionnels. Vous vous préoccupez plus de vos cheveux que de votre matériel. » (rapport aux nombreuses glissades sur la pelouse abîmée du Stade de France)

« La réalité, c'est qu'actuellement des équipes nous sont supérieures », a encore dit Deschamps. Il pense que l'Albanie, 51e nation mondiale, ne peut évidemment pas en faire partie. À Elbasan, DD chamboule tout. Payet, Kondogbia, Gonalons, Jallet, Sakho, Lacazette et Evra (de retour) sont titulaires. Malade, Pogba n'entrera qu'en seconde période (avec Fekir, Valbuena et

Lacazette dans l'étau albanais.

Ntep) quand les Français sont déjà menés. Kace a transformé un coup franc direct (43e).

Les Bleus, atones, ne se créent pas une seule véritable occasion lors d'une partie contrariante et humiliante. Désormais, Deschamps présente un palmarès en bleu de 19 victoires en 37 matchs. C'est le pire ratio d'un sélectionneur depuis Henri Michel (1984-1988). Il est dépité : « On n'a pas assez faim. Je ne peux pas l'accepter. On n'a pas été prêts physiquement et mentalement. Le constat n'est pas bon. Il est même mauvais. »

Evra est plus cassant : « Certaines fois, je pense qu'on n'a pas conscience de la chance qu'on a. C'est un manque de respect par rapport au maillot de l'équipe de France. On a pris deux belles gifles. »

Mais le doyen des Bleus demeure optimiste : « Je ne suis pas inquiet. J'ai vraiment confiance en ce groupe. Avant le Mondial, c'était bien pire que ça. » À un an de l'Euro, le plus simple est de le croire et, au bout d'une saison en demi-teinte, d'imaginer que ces Bleus ont un avenir doré.

« Certaines fois, je pense qu'on n'a pas conscience de la chance qu'on a. C'est un manque de respect par rapport au maillot de l'équipe de France. On a pris deux belles gifles. »

PATRICE EVRA

Qualifications pour la Coupe du monde 1966
9 octobre 1965, Parc des Princes, Paris

FRANCE-YOUGOSLAVIE : 1-0

LA GLOIRE DE GONDET

Perdue de vue depuis sa 3e place en Suède en 1958, l'équipe de France parvient à arracher sa qualification pour la World Cup 1966 grâce à un débutant nantais titulaire de dernière minute.

Héros par surprise.

Il est encore loin le temps des Coupes du monde à 32 nations. Elles ne seront que 16 en Angleterre dans quelques mois, dont 9 seulement venues d'Europe. Pour la France, en faire partie n'est longtemps qu'un fantasme. Absente au Chili en 1962, elle vit essentiellement de galères depuis que les « anciens » de Suède, médaillés de bronze en 1958, l'ont désertée.

Ce 9 octobre 1965, Raymond Kopa, leur leader, est bien sur le terrain, mais pour un match de seconde division qu'il perd avec Reims à Toulon (1-0). Le temps a filé et les talents avec lui.

Pourtant, les Français ont leur sort entre leurs pieds grâce à la Norvège qui a fait chuter (3-0) la Yougoslavie, grande favorite du groupe. Mais il leur faut s'imposer à Paris – ce serait un exploit – puis ne pas perdre contre le Luxembourg – ce sera une formalité (3-0).

Les quarante-huit heures qui précèdent la rencontre tournent autour de la cheville meurtrie du meneur de jeu monégasque Yvon Douis. Jouera ? Jouera pas ? Alors qu'il espère encore, il déclare : « Si Gondet effectue ses débuts en équipe de France, le public se devra de l'encourager et lui pardonner d'éventuelles erreurs. »

Le but qui change tout.

La veille de la rencontre, à 11 heures, Douis annonce qu'il jouera. À midi, il change d'avis. Le jeune Nantais Philippe Gondet, un pur avant-centre, novice en sélection, épaulera Nestor Combin en attaque. « Je ne jouerai évidemment pas comme Douis, mais je tâcherai de faire ce que je fais à Nantes où j'ai marqué 9 buts en 8 matchs », explique-t-il.

Pari tenu. Cet après-midi-là, devant 36000 spectateurs agglutinés dans le vieux Parc des Princes et des centaines de milliers de téléspectateurs, l'équipe du capitaine Marcel Artelesa et de l'entraîneur Henri Guérin donne tout ce qu'elle a. Et tout ce qu'elle a va suffire.

Pour ce droitier, une formidable frappe du gauche

Les Bleus, qui tireront 23 fois, inscrivent 3 buts. Le premier, de Gondet (18e), est refusé pour un hors-jeu contestable. Le deuxième, de Combin sur un centre de Gondet (46e), est refusé pour une faute commise sur... Gondet qui hérite d'un coup franc. Le public hurle sa rage contre l'arbitre danois Fred Hansen qui a sifflé trop vite.

Le troisième, œuvre de Gondet, est accordé (77e). Il doit tout à son auteur qui contrôle un ballon, tombe, le perd, se relève, le récupère, le reperd dans une sorte de concours de maladresses dont il sort vainqueur en arrachant une ultime fois la balle à un défenseur pour la propulser d'une formidable frappe du gauche, lui le droitier, hors de portée du gardien Soskic.

Dans le dernier quart d'heure, la défense, avec Marcel Aubour le Tropézien dans les buts et la paire d'arrières centraux Bosquier-Budzynski, fait le boulot. Herbet, seul aux 6 mètres, rate même une formidable opportunité de doubler la mise.

Qu'importe, la victoire est là. Inattendue et magnifique. « Quel match explosif ! » s'extasie Gondet. Le défenseur bordelais Chorda résume la pensée générale : « Nous étions depuis trop longtemps passés au travers de tout. Ça ne pouvait plus durer. On en avait assez d'entendre que nous n'étions pas bons à grand-chose. »

Le capitaine Marcel Artelesa abonde dans son sens : « Ce n'est pas drôle de jouer dans une équipe de France que l'on donne presque toujours battue. »

Bien sûr, quelques mois plus tard, en Angleterre, les Français ne feront que de la figuration. Mais participer était déjà pour eux une jolie performance.

4 juillet 2015, Stade Nkoantoma, Bata (Guinée équatoriale)

CÔTE D'IVOIRE - GHANA : 0-0 a.p. (9 tab à 8)

LES ÉLÉPHANTS ET LE RENARD

Délocalisée en raison du virus Ebola, la CAN 2015 a livré son verdict au bout du suspense. La Côte d'Ivoire est couronnée en dominant le Ghana après la séance des tirs au but.

Le Maroc était censé organiser la Coupe d'Afrique des Nations, mais inquiet de la montée du virus Ebola pendant l'été et l'automne 2014, il s'est interrogé sur le report éventuel de la compétition. Inquiet de voir débarquer sur son sol des supporters peut-être porteurs de cette maladie faisant alors des ravages au Liberia et au Nigeria, entre autres, le gouvernement marocain invite sa fédération à demander de nouvelles dates pour la tenue de cette 30e édition de la CAN. La Confédération africaine prend très mal ce questionnement : elle retire l'organisation au Maroc – qu'elle exclut de la prochaine compétition en 2017 – et lance un nouveau processus d'attribution.

Ce sera donc en Guinée équatoriale, petit pays d'environ 500 000 habitants situé entre le Cameroun et le Gabon. L'Afrique du Sud et le Cameroun sont les éliminés les plus notables du premier tour. Le match le plus attendu est le quart de finale entre la Côte d'Ivoire et l'Algérie, deux équipes qui ont disputé la Coupe du monde au Brésil et, surtout, sont candidates au titre. Les Ivoiriens se montrent les plus solides (3-1) et tracent leur route jusqu'à la finale après cette rencontre épique. Dans l'autre partie du tableau, le Ghana est irrésistible et remporte ses matchs à élimination directe sans jamais prendre de but.

LA FIN D'UNE MALÉDICTION

L'équipe d'André Ayew est d'ailleurs favorite de la finale face aux Ivoiriens. Les Ghanéens ont pour eux leur dynamique depuis un an tandis que les Ivoiriens courent après un succès qui permettrait à toute une génération (à laquelle n'appartient plus la star Didier Drogba…) de remporter enfin un trophée. Ils semblent vieillissants et, évidemment, plane la malédiction qui empêche les Éléphants de régner sur l'Afrique depuis 1992. La finale est âpre, sacrément tendue et il faut patienter jusqu'aux tirs au but pour voir trembler les filets. La décision se fait attendre et le gardien Barry Copa, passé à Rennes au début des années 2000, se montre intraitable, feignant des crampes, déstabilisant ses adversaires pour mieux stopper leurs tirs. Hervé Renard, déjà vainqueur de la compétition avec la Zambie (2012), remporte ainsi sa deuxième CAN en trois ans. Mais le technicien français passé la saison précédente par Sochaux a déjà des envies d'ailleurs. Les Ivoiriens rentrent chez eux en héros, vingt-trois ans après un succès déjà triomphal. Pendant ce temps, leur entraîneur vogue vers un avenir en L1, à Lille.

Les Éléphants s'imposent après d'interminables tirs au but.

4 juillet 2015, Stade National Julio Martinez, Santiago (Chili)

CHILI - ARGENTINE : 0-0 a.p. (4 tab à1)

LE CHILI
DÉPRIME MESSI

Depuis 99 ans et la première édition de la Copa America, le Chili attendait ce moment. Quatre fois déjà il avait échoué en finale. Messi ou pas, cette occasion-là il ne pouvait pas la laisser passer.

Pourtant Lionel Messi semblait sur la voie royale. Fort de son triplé barcelonais (Ligue des champions, Liga et Coupe du roi), il se voyait déjà décrocher ce grand titre international qui lui avait échappé en finale lors de la Copa 2007 et encore plus un an plus tôt au bout du Mondial brésilien.

Certes, « la pulga » ne s'était pas spécialement fait remarquer avant ce match ultime. Moins en tout cas que son coéquipier brésilien du Barça Neymar, expulsé dans les tout derniers instants du match de poule perdu (1-0) contre la Colombie et suspendu pour 4 matchs, prélude d'un parcours catastrophique des « Auriverde », démunis sans leur star et éliminés en quarts de finale par le Paraguay (1-1, 4 tab à 3).

Moins également que le Chilien Gonzalo Jara, qui avait certes provoqué l'expulsion de l'Uruguayen Cavani, coupable d'avoir réagi à un geste obscène (Jara lui avait mis un doigt dans les fesses), mais écopé en retour de trois matchs de suspension.

Moins aussi que le Chilien Arturo Vidal maintenu dans le groupe par son entraîneur, l'Argentin Jorge Sampaoli, après avoir provoqué en état d'ébriété un accident de voiture, puis insulté le policier qui l'interpellait, après le premier match de poule.

À vrai dire, Messi n'a inscrit qu'un but jusque-là, un penalty, lors du match de poule contre le Paraguay (2-2).

Il est resté discret avant cette demi-finale contre le Paraguay où, sans marquer, il a été à l'origine de cinq des six buts d'une

Le Chili remporte sa première Copa à domicile.

équipe beaucoup plus flamboyante (6-1) qu'en quarts de finale contre la Colombie (0-0, 5 tab à 4).

SAMPAOLI : « JE VEUX VOIR ONZE FANATIQUES »

Le Chili de son côté, après avoir sorti l'Uruguay réduit à dix en quarts (2-0), puis le Pérou également réduit à dix en demi (2-1), aborde « sa » finale gonflé à bloc. Même s'il n'oublie pas qu'en Copa America il a par le passé affronté 24 fois l'Argentine pour un bilan désastreux de 19 défaites et 5 nuls. Sampaoli a été clair : « Je veux voir onze fanatiques qui donnent leur vie pour le maillot. Onze kamikazes, comme sous le mandat de Bielsa quand on avait l'impression qu'ils étaient quinze sur le terrain. » Entraîneur de « la Roja » de 2007 à 2011, l'homme à la glacière est un dieu vivant au Chili.

C'est donc avec leurs cœurs et leurs tripes que devant leur public, sous la conduite des trois stars de l'équipe, le gardien de Barcelone Claudio Bravo, le milieu de la Juve Vidal et l'attaquant d'Arsenal Alexis Sanchez, les Chiliens partent à l'assaut de la montagne.

Comme depuis le début de la compétition, ils prennent leurs responsabilités dans un match hermétique où les contacts sont nombreux et les occasions rares. Rentré à la place de Di Maria blessé (28e), Lavezzi s'en procure une sur un service de Pastore mais échoue sur Bravo (45e). La seconde sera pour Higuain auquel il manque 2 centimètres pour changer le cours de l'histoire sur un centre de Lavezzi (90e+2). On verra encore Sanchez filer seul vers le but argentin mais frapper à côté (105e) avant l'inévitable séance de tirs au but. Presque invisible à partir de la seconde période, Messi réussit le sien. Mais après les échecs de Banega et Higuain, Sanchez offre en douceur le Graal à tout un pays qui bascule dans la folie.

« Un rêve est devenu réalité », déclare Vidal tandis que l'Argentin Javier Mascherano exprime la détresse des siens : « Perdre est une torture. C'est une immense tristesse. Il nous a encore manqué le petit coup de chance. »

Au moins, Messi n'aura-t-il pas subi le supplice d'une remise d'un trophée de meilleur joueur à l'issue d'une défaite éprouvante, comme cela avait été le cas un an plus tôt.

> **« Perdre est une torture. C'est une immense tristesse. Il nous a encore manqué le petit coup de chance. »**
>
> JAVIER MASCHERANO

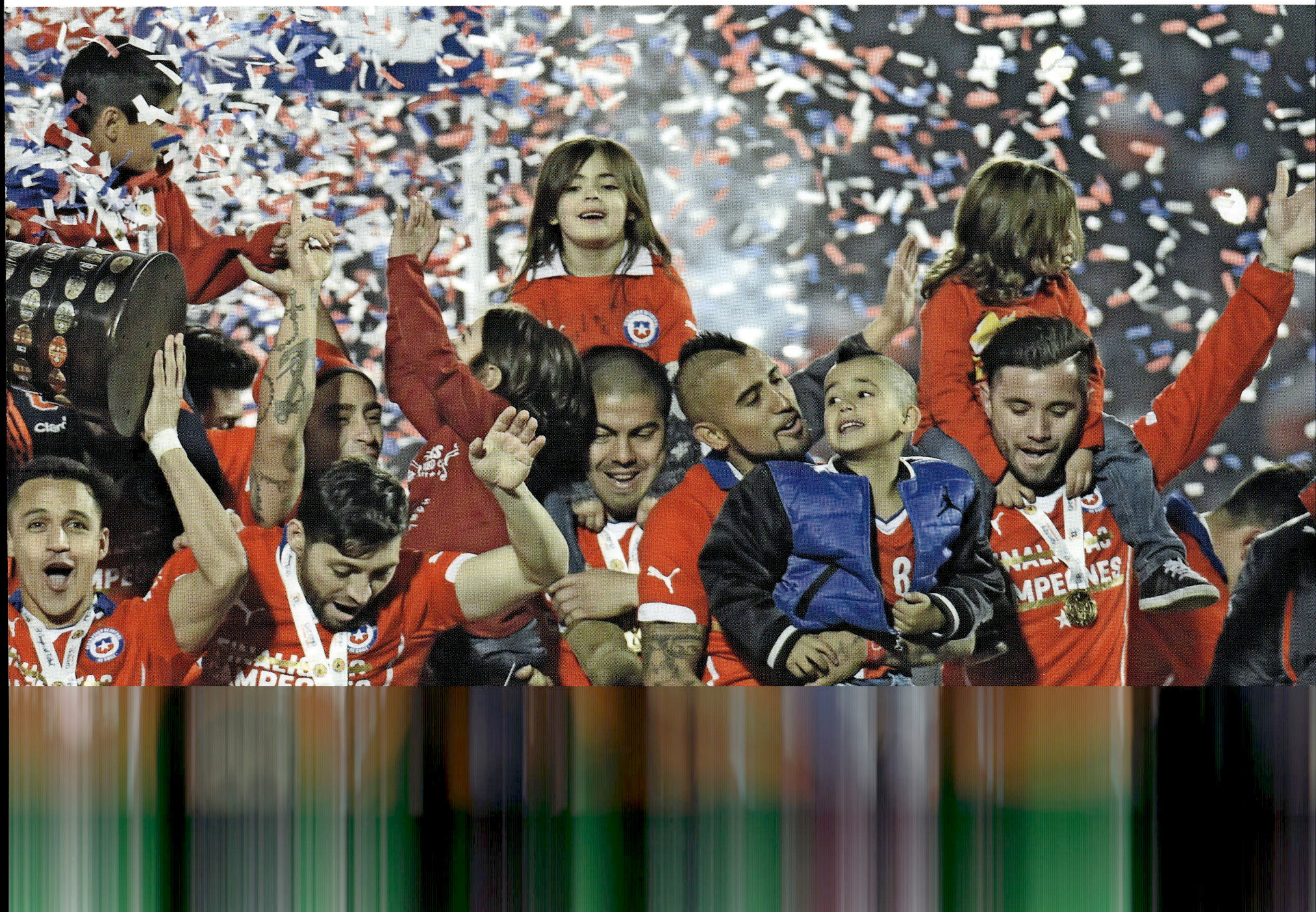

UN ACCIDENT DE QUART

Parties avec de solides ambitions à l'assaut de leur premier titre mondial, les Bleues ont buté sur les Allemandes au bout d'un quart de finale qu'elles avaient largement dominé. Elles espèrent prendre leur revanche aux jeux Olympiques de Rio.

C'est une fâcheuse habitude de notre football international. Les Bleus, hommes ou femmes, semblent parés d'atouts… et à la fin, c'est toujours l'Allemagne qui gagne. La dernière victoire d'une équipe de France contre son éternel rival dans une phase finale de grande compétition remonte à 1958, quand la bande à Just Fontaine et Raymond Kopa avait chipé la 3e place du Mondial suédois à son voisin d'outre-Rhin (6-3).

Depuis coule une vallée de larmes. Dans le stade olympique de Montréal, en ce mois de juin 2015, celles des filles de Philippe Bergeroo sont lourdes et amères. Il y avait tellement la place pour faire mieux, pour enfin conjurer le sort. Mais Thiney… Mais Lavogez… Nous y reviendrons.

Remontons le temps de quelques semaines. C'est avec des valises gonflées de confiance et d'espoir que les Françaises de Philippe Bergeroo ont débarqué au Canada. Certes, elles n'ont jamais glané le moindre titre, mais depuis l'arrivée en 2012 de l'ancien adjoint d'Aimé Jacquet à leur tête, elles ont disputé 32 matchs et n'en ont perdu que 2. Wendie Renard, la capitaine d'un groupe essentiellement composé de Lyonnaises (11) et de Parisiennes (6), s'emballe presque au moment de parler de ses coéquipières : « Bussaglia, c'est Pirlo. Eugé *[Eugénie Le Sommer]* a franchi un cap cette année. C'est devenu une tueuse. »

À la veille de rencontrer l'Angleterre en premier match de poule, la milieu de terrain Amandine Henry avance masquée, avant de lâcher le morceau : « Tout le monde nous voit en finale, mais il faut se concentrer sur l'Angleterre. L'un des objectifs est d'être dans le dernier carré et de faire un podium. Dans les têtes des filles, l'objectif reste la finale. » Voilà, c'est dit.

LA COLOMBIE PLOMBE L'AMBIANCE

« C'est le moment ou jamais, les filles sont remontées », ajoute Bergeroo. À Moncton et face aux Anglaises, un but de Le Sommer (29e) suffit aux Bleues, largement dominatrices, pour réussir leur entame (1-0). Comme souvent, c'est au niveau de l'efficacité que le bât a blessé. « Ce n'était pas évident d'entrer dans cette compétition, explique Laura Georges. Il y avait de la pression et des accrochages. » « On savait que ç'allait être un match difficile », explique Bergeroo.

Contre la Colombie, 28e du classement mondial (la France est 3e), les Bleues peuvent déjà se qualifier pour les huitièmes de finale. « Il ne faut pas négliger cette équipe qui a terminé 2e de la Copa America », avance prudemment Renard. « Il faudra être patients », conseille Bergeroo, qui, à la surprise générale, laisse

Renard collée aux basques
de l'Anglaise Aluko.

FIFA

Après avoir surclassé la Corée du Sud, les Bleues savourent leur qualification en quarts.

« On a bien entamé la rencontre. C'était ce dont on rêvait. On n'a pas eu le temps de douter. On ambitionnait cette 1re place. »

EUGÉNIE LE SOMMER

Henry et Thomis sur le banc, préférant lancer Bussaglia et Dali, qui ne feront pas des merveilles.

« Je voulais amener de la fraîcheur, expliquera le sélectionneur après coup. Ç'a marché d'entrée, puis l'équipe a un peu sombré. » Le fait est que les Françaises ont lourdement chuté. Elles ont longtemps et vainement couru après un but d'Andrade (19e), avant qu'un mauvais dégagement de leur gardienne Sarah Bouhaddi n'offre un second but à Usme (90e + 3, 2-0).

Le choc est d'autant plus rude pour le football français que, le même jour, les joueurs de Deschamps ont été battus en Albanie (1-0). Présent au Canada, le président de la Fédération, Noël Le Graët, est groggy. Il évoque « un mauvais match, un résultat pas intéressant, une victoire colombienne pas illogique », mais ajoute : « Il ne faut pas désespérer. Il s'agit d'une compétition importante sur laquelle on compte beaucoup. »

Place maintenant au Mexique, qui s'est déjà incliné contre l'Angleterre (2-1), après avoir fait match nul avec la Colombie (1-1). De loin, Patrice Lair, ancien entraîneur des multichampionnes de France et d'Europe lyonnaises, explique : « Tu n'as pas le droit de te louper. Tu joues l'avenir du foot féminin. »

LE MEXIQUE ASSOMMÉ EN 13 MINUTES

« On a une revanche à prendre, martèle Bergeroo. Il faudra mettre de l'impact physique d'entrée. » Aussitôt dit, aussitôt fait. On ne joue que depuis 34 secondes quand, au bout d'un centre de Thomis mal repoussé par Garciamendez, Marie-Laure Delie ouvre le score. Quelques minutes plus tard, pressée par Renard à la retombée d'un corner de Camille Abily, Ruiz marque contre son camp (9e). Les Bleues sont sur un nuage. Elles inscrivent 3 buts supplémentaires par Le Sommer (13e et 36e) et Henry (80e) avant le coup de sifflet final (5-0).

« On a bien entamé la rencontre. C'était ce dont on rêvait, révèle Le Sommer. On n'a pas eu le temps de douter. On ambition-

Lavogez inconsolable malgré le soutien de Bergeroo.

nait cette 1re place. » Bientôt, elles regretteront sans doute de n'avoir pas gagné par la plus étroite des marges ce jour-là. Cela leur aurait évité la partie de tableau la plus piégeuse. Mais pour l'instant, elles se concentrent sur leur huitième de finale face à l'inattendue Corée du Sud, victorieuse de l'Espagne (2-1) lors de l'ultime et décisif match de son groupe.

Les Coréennes n'étaient jamais allées aussi loin. « Notre objectif est atteint », clame leur entraîneur Kim Soo-Yun. Celui des Bleues pas tout à fait. « Peut-être que nous nous étions vues un peu trop belles, concède la défenseure Jessica Houara. La défaite contre la Colombie nous a mis un petit coup de pied aux fesses. En huitième, il faut faire la même chose que contre le Mexique. »

Il suffisait de le demander. À Montréal, les Bleues ouvrent très vite le score par Delie sur un service de Boulleau (4e) et doublent la mise tout aussi vite. Au bout d'un une-deux avec Le Sommer, Thomis conclut victorieusement d'une frappe des 6 mètres (8e). La messe est dite. Un troisième but de Delie en début de seconde période (48e) plie l'affaire (3-0) et fait oublier de nombreuses occasions gâchées.

« Les Françaises vont aller loin », affirme Soo-Yun admiratif. Bergeroo se réjouit d'un « début de match extraordinaire », mais revient très vite à la dure réalité : « L'Allemagne, ce sera un énorme défi. » « Le quart va être le gros match de la Coupe du monde », confirme Delie.

NECIB AVAIT FAIT LE PLUS DUR

C'est donc l'ogre germanique, numéro 1 au classement FIFA, champion du monde en 2007 et 2011, 8 fois champion d'Europe, notamment lors des 6 dernières éditions, qui se dresse sur la route des Bleues. Bien sûr, celles-ci viennent de le dompter en octobre 2014 (2-0), mais c'était en match amical et les absentes étaient nombreuses. Lors des quatre premières rencontres de ce Mondial, les joueuses de Silvia Neid ont inscrit 19 buts, dont 10 par leur duo d'attaque Mittag-Sasic (5 chacune). En huitième de finale, elles ont explosé la Suède (4-1). La bonne nouvelle, c'est que, quoi qu'il advienne, par le jeu des autres résultats des équipes européennes, les Françaises sont d'ores et déjà qualifiées pour les jeux Olympiques de Rio 2016.

La coach allemande essaie de transférer la pression : « La France ressent que c'est à son tour de remporter un titre. » Noël Le Graët est confiant : « L'équipe de France ne s'est pas organisée pour donner une réplique à l'Allemagne, mais pour disputer un vrai match, déclare-t-il. Je pense qu'on est meilleurs et qu'on peut gagner. »

« On veut toutes décrocher quelque chose, insiste Boulleau. Les larmes, on en a vraiment marre. » En face, Célia Sasic, née en Allemagne de père camerounais et de mère française, se veut prudente : « Nous avons deux formations très proches. Ce sera un match très difficile qui se jouera sur des détails. » Peut-être pense-t-elle à un tir contré, à un bras qui traîne...

Devant 25 000 spectateurs (et plus de 5 millions de téléspectateurs en France au plus fort de l'affrontement), avec Le Sommer plutôt que Thiney et Majri plutôt que Boulleau légèrement blessée, les Bleues entrent bille en tête dans la rencontre. On ne joue que depuis 49 secondes quand Necib rate une énorme occasion sur un centre de Thomis. Les Françaises bousculent leurs adversaires. La première période leur appartient. Il faut deux gros arrêts de la meilleure gardienne du monde, Nadine Angerer, sur des frappes de Necib (38e) et Delie (41e), pour conserver l'équilibre du score au repos. La première intervention compliquée de Bouhaddi ne survient qu'à la reprise, sur un tir de Sasic (50e).

C'est donc justice si Louisa Necib marque enfin sur une frappe des 18 mètres deux fois déviée de sa trajectoire par les défenseures centrales allemandes Krahn et Peter (64e). C'est la 60e fois consécutive que les Bleues marquent contre une nation européenne.

THINEY RATE L'IMMANQUABLE

Quand Laudehr rate d'un rien le cadre (72e) et l'égalisation, on prête aux Bleues un grand destin. Jusqu'à ce qu'un bras malencontreux de Majri dans la surface de réparation française vienne briser ce bel ordonnancement. Sasic transforme le penalty (84e). En route pour la prolongation.

Gaëtane Thiney a suppléé Le Sommer. C'est cette « tueuse » qui va rater l'immanquable, seule face au but grand ouvert sur un centre de Houara au second poteau (116e). Plus tard, les larmes à peine séchées, elle racontera : « Je peux contrôler, dribbler la gardienne, piquer la balle, je peux faire tout ce que je veux, sauf la mettre à côté. C'est le début du cauchemar. Je me sentais super bien et en plus le ballon est au bout de mon pied. »

Derrière survient l'inévitable. Au bout de la séance de tirs au but, Angerer stoppe la frappe de Claire Lavogez, jeune joueuse de 21 ans, qui se lamentera de longues minutes en soupirant : « C'est de ma faute, c'est de ma faute. » Ce n'est évidemment pas le cas.

Boulleau est réaliste : « Être meilleur, c'est bien ; gagner, c'est autre chose. » Houara est philosophe : « On a prouvé qu'on pouvait être au niveau de la meilleure équipe mondiale. Il ne faut pas tout jeter. Certes, c'est cruel, mais on a les JO l'année prochaine et une Coupe du monde à disputer en France en 2019. Il va falloir aller la chercher. Comme les garçons. »

Cette belle et évidente perspective gravée au fond de leurs cœurs, les Bleues de France sont déjà prêtes à repartir au combat.

Quant aux Allemandes, elles n'emporteront pas au paradis le fruit de leur petit hold-up. Elles seront éliminées (2-0) en demi-finales par les Américaines qui dans la foulée remporteront le troisième titre mondial de leur histoire en battant le Japon (tenant du titre) en finale (5-2).

Un 3e titre de championnes du monde pour les Américaines.

GIGNAC
9

Coupes et championnat de FRANCE

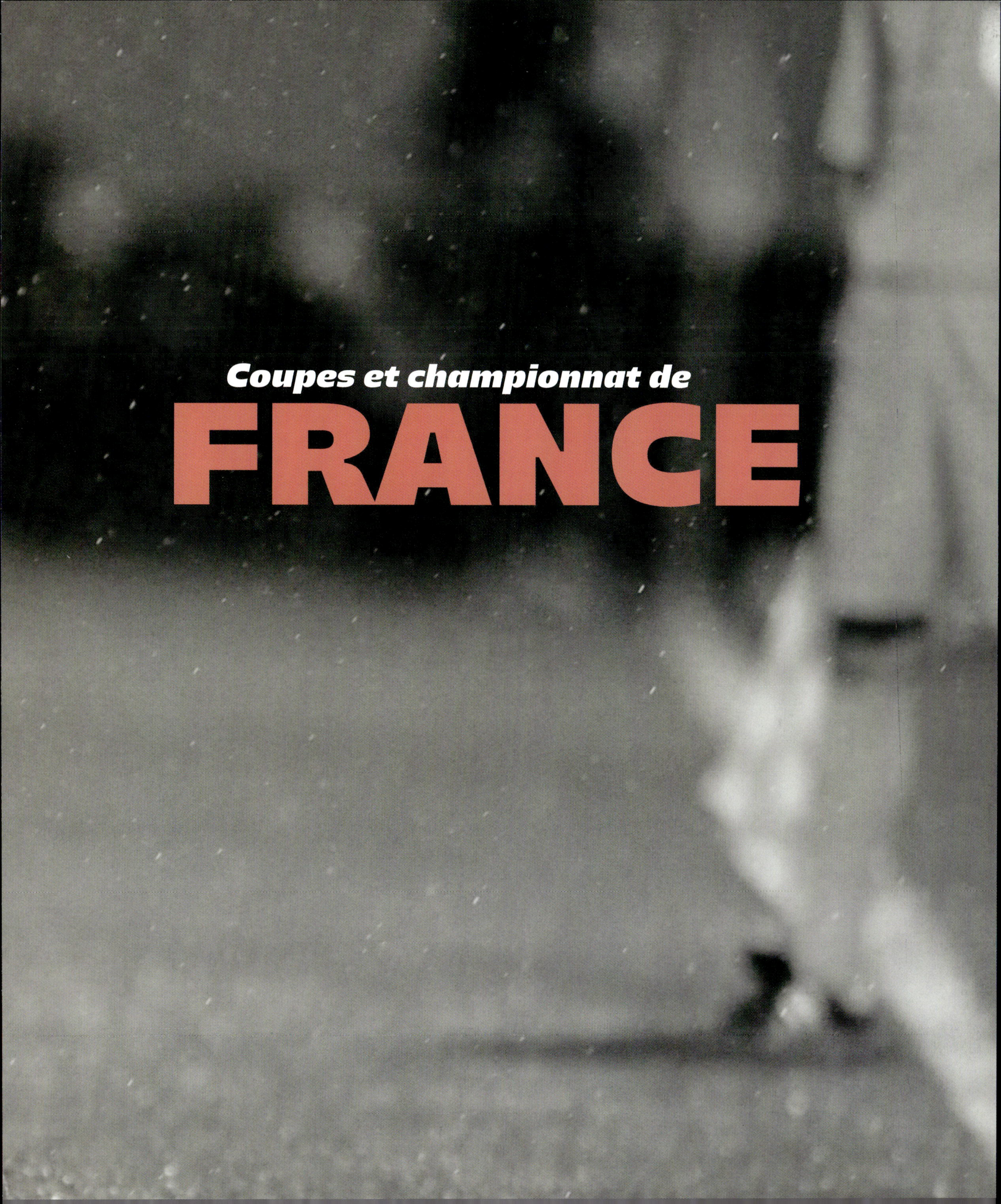

PARIS
EST TOUJOURS PARIS

Il existe au moins deux trajectoires pour parvenir à une évidence : la ligne droite et la ligne brisée. C'est cette dernière que le PSG, fortement challengé par l'OM puis par l'OL, a empruntée pour conquérir son troisième titre de champion consécutif.

Où est-elle, la nouveauté de l'été ? Sûrement pas dans les pronostics des acteurs de la L1. Invités par *L'Équipe* à deviner l'avenir, ils plébiscitent à 85,5 % le PSG double tenant du titre, devant Monaco (7,5 %) et Bordeaux (2,3 %).

La nouveauté est ailleurs. Pas vraiment dans le traditionnel pataquès juridique qui relègue en Ligue 2 Lens le promu, avant de le réintégrer à dix jours de la reprise.

La nouveauté ? Elle est déjà un peu plus dans les transferts de Valbuena de l'OM au Dynamo Moscou, de Brandao de Saint-Étienne à Bastia, d'Alessandrini le Rennais et de Batshuayi le Liégeois à Marseille, ou dans les débuts de Claude Makelele comme entraîneur à Bastia.

La nouveauté ? Elle est importante dans le radical changement de politique de Monaco qui cède Falcao à Manchester et James Rodriguez au Real.

La nouveauté ? Elle est flagrante dans l'arrivée d'un type insensé venu d'Argentine et nommé Marcelo Bielsa, au palmarès famélique, mais à la réputation en acier. Après moult hésitations, il accepte de s'asseoir sur le banc de l'OM ou plutôt sur une glacière. « On donne à l'entraîneur une importance qu'il n'a pas », affirme ce taiseux qui passe son temps à démentir son affirmation.

Privé de Coupe d'Europe, l'OM possède l'avantage de la fraîcheur sur un PSG qui va très vite devenir un dégât collatéral du Mondial 2014. Ses Brésiliens, parmi lesquels la nouvelle recrue David Luiz, arrivé de Chelsea pour 50 millions d'euros, ont le physique et le moral dans les chaussettes.

Thiago Silva est pourtant titulaire à Reims pour l'entame (2-2, doublé d'Ibrahimovic qui rate un penalty), mais, trois jours plus tard, il se blessera lors d'un match amical à Naples.

L'OM débute aussi sur un décevant match nul à Bastia (3-3). Au bout d'une heure, les Olympiens menaient 3-1. « Ce résultat n'est pas juste, commente Bielsa, mais j'ai l'impression qu'on a été en dessous de nos qualités. »

Débuts difficiles également pour Monaco et son nouvel entraîneur portugais Leonardo Jardim qui s'inclinent à domicile contre Lorient (2-1). Falcao n'est pas encore parti. Il a marqué et affirme : « Je veux aider mon équipe, je ne pense qu'à cela. » Mais il ne précise pas de quelle équipe il s'agit.

> « Je veux aider mon équipe, je ne pense qu'à cela..
>
> FALCAO

Et trois titres consécutifs
pour le Paris Saint-Germain !

Gonalons, le taulier de l'OL.

Le ciel est plus dégagé pour l'instant du côté de Lyon qui bat Rennes (2-0). L'OL est imbattable en match d'ouverture (9 victoires et 2 nuls sur les 11 dernières saisons). Mais c'est Caen le promu qui a l'honneur d'être le premier leader grâce à une victoire à Évian (3-0).

GONALONS MET LES PIEDS DANS LE PLAT

Si Paris enchaîne sur un premier succès à domicile contre Bastia (2-0, buts de Lucas et Cavani), il perd Ibra, touché aux côtes. « D'un point de vue médical, notre situation pourrait être meilleure », constate Laurent Blanc.

À Marseille, c'est plutôt la situation comptable qui pose problème. La défaite contre Montpellier (2-0) fait très mal. « J'éprouve un sentiment de tristesse et de honte de ne pas avoir été à la hauteur de l'ambiance dans le stade », soupire Bielsa.

Vilain temps également pour Monaco surclassé à Bordeaux (4-1) après avoir pourtant mené à la mi-temps (0-1). « Je ne suis pas inquiet, dit pourtant Jardim. Il faut continuer à croire en nos joueurs. » Gros nuages aussi sur Lyon, battu à Toulouse (2-1). « Notre première période a été catastrophique », reconnaît Hubert Fournier, le nouvel entraîneur arrivé de Reims.

Pour Évian, écrasé à Rennes (6-2, doublés de Mexer, Toivonen et Ntep), c'est carrément la tempête. « Les fessées, il y a des boîtes spécialisées pour ça », déclare l'entraîneur savoyard Pascal Dupraz.

Évian se ressaisit huit jours plus tard contre le PSG qu'il tient en échec (0-0, expulsion de Cabaye à la 63e). « On n'a pas fait grand-chose pour prendre plus de points », déclare Blanc.

Battu à domicile par Lens (1-0), l'OL ne va pas mieux. Le capitaine Gonalons ne pratique pas la langue de bois : « On a un souci. Physiquement, on n'est pas très bien. Vous avez pu le voir. La préparation n'a pas été en adéquation avec le haut niveau. » C'est un pavé dans la mare après le remplacement du préparateur physique Robert Duverne par Alexandre Marles, arrivé du PSG.

Tandis que l'OM respire après son premier succès à Guingamp (1-0, but de Gignac), et que Monaco victorieux à Nantes (1-0, but de Falcao titulaire pour la première et dernière fois) fait de même, Bordeaux est carrément euphorique. Troisième match et troisième victoire à Nice (3-1), où l'arbitrage a handicapé l'équipe de Claude Puel. Pour le coach débutant Willy Sagnol, tout va bien. « Oui, il y a un effet Sagnol, affirme le gardien Carrasso. Un nouvel état d'esprit s'est installé. »

Tenus en échec par Bastia (1-1), les Girondins, qui profitent pourtant d'une cinquième grosse erreur d'arbitrage en leur faveur depuis le début de saison, ratent la passe de quatre.

Ce qui permet au PSG, écrasant vainqueur de Saint-Étienne (5-0, triplé de Zlatan et un premier but extravagant inscrit contre son camp par le gardien vert Ruffier), de se rapprocher. « On a retrouvé notre niveau », conclut un peu hâtivement le président Nasser Al-Khelaïfi.

L'OM fait presque aussi bien contre Nice (4-0, dont un doublé de Payet). Ce qui n'empêche pas Bielsa d'allumer une mèche en

Ruffier et le terrible c-s-c.

Le coup de folie de BRANDAO

Ce 16 août, durant le match entre le PSG et Bastia, Thiago Motta et Brandao ont eu l'occasion de s'asticoter et de s'invectiver. Mais l'attaquant corse, sorti à la 72e minute, aurait pu retrouver son calme. À la fin de la rencontre, dans le couloir menant aux vestiaires, il guette sa proie : le milieu parisien. Sous l'œil des caméras de surveillance, il lui assène un coup de tête au visage. Bilan : une fracture du nez pour Motta et six mois de suspension pour Brandao, auxquels il faudra ajouter un mois de prison ferme transformé en travail d'intérêt général.

commençant à critiquer le recrutement. Ce n'est pas l'arrivée, le dernier jour du mercato, du défenseur international espoir brésilien de Botafogo Matheus Doria, pour 6 millions d'euros, qui peut le calmer. Bien au contraire *(voir encadré)*.

LILLE, PREMIER ÉCHAPPÉ

Battu à Metz (2-1), Lyon, qui vient de se faire sortir en barrages de Ligue Europa, est 17e. Le président Aulas garde le moral : « Ce n'est pas la première fois qu'on connaît des déboires. Avec le retour des blessés, nous pourrons en surprendre plus d'un. » Pour l'instant, son discours fait sourire.

Dans le match des naufragés de l'été, l'OL se rebiffe en s'imposant contre Monaco (2-1). Yoann Gourcuff, qui n'a plus joué depuis le mois d'avril précédent, dispute le dernier quart d'heure et le gardien Anthony Lopes effectue 6 arrêts décisifs.

À Rennes, où Ntep répond à Camara, le PSG concède un nouveau match nul (1-1). « Face à une équipe qui ne fait que défendre, les espaces sont rares », se plaint Blanc. Zlatan est plus direct : « On n'a pas bien joué, c'était trop lent. » Paris démarre sa saison au ralenti et rate une première occasion de prendre la tête puisque Bordeaux s'incline à Guingamp (2-1). L'OM, victorieux à Évian, aurait pu profiter de l'aubaine si Lille n'avait pas battu Nantes (2-0, buts d'Origi, 19 ans, et Lopes, 18 ans).

Seule équipe invaincue après 5 journées (3 victoires et 2 nuls), le LOSC finit de manger son pain blanc. Tenus en échec par Montpellier (0-0,) les Nordistes laissent passer un trio composé de l'OM, Bordeaux et Saint-Étienne (tous 13 points). Les Marseillais ont battu Rennes (3-0, doublé de Gignac). « Titiller le PSG ? s'interroge Thauvin. On aimerait bien, mais on n'a joué que 6 matchs. Il ne faut pas y penser. »

Comment ne pas y penser alors que Paris traîne sa peine. Dans le premier choc de la saison qui l'oppose à Lyon, il concède à domicile un match nul (1-1) presque chanceux. Cavani a ouvert le score (20e), Umtiti a égalisé (84e) et l'OL n'a pas été loin de rafler la mise.

Le constat de Blanc est glacial : « Notre seconde mi-temps est très décevante. On n'est pas au meilleur de notre forme. » « Ce qu'on a fait ce soir doit nous donner confiance pour les prochaines semaines », déclare Fournier rassuré.

Lyon est lancé. Il lamine Lorient (4-0). L'OM est électrique. À Reims, il fait des étincelles (5-0, doublés de Gignac et Ayew). Victorieux à Caen (2-0, buts de Lucas et Marquinhos), Paris s'accroche comme il peut : « On était un peu dans le dur. On ne voulait pas tomber dans le très dur », explique Matuidi.

QUAND BIELSA dézingue Labrune

Ce 4 septembre, Marcelo Bielsa décide de rompre la trêve internationale. En conférence de presse, il dégaine et fait feu à volonté sur son président Vincent Labrune : « Le bilan du marché des transferts est négatif. Le président m'a fait des promesses qu'il savait intenables. Je me suis opposé à l'arrivée de Doria. Je n'ai pas pu l'analyser. Je n'ai pas pu donner mon opinion. Aucun joueur n'est arrivé à mon initiative. J'ai proposé 12 options et aucune ne s'est concrétisée. Je vais assumer avec joie et optimisme le challenge qui est devant moi, mais le fonctionnement du club me déçoit. » Vincent Labrune laissera sagement passer l'orage sans répondre. Réaction d'un ancien président du club, Bernard Tapie : « J'espère que Labrune va dégager Bielsa au nom de la dignité du club. » Mais à Marseille, on ne dégage pas Bielsa comme ça.

Rony Lopes, la bonne pioche lilloise en provenance de City.

Martial, un poison pour David Luiz.

Saint-Étienne et Bordeaux s'étant neutralisés, l'OM trône seul au sommet de la Ligue 1. Il enchaîne avec un succès sur les Verts (2-1, buts d'Imbula et de Payet) pendant que le PSG est de nouveau freiné à Toulouse (1-1). « On se sent forts, explique Alessandrini. Cinq points d'avance sur le PSG, c'est bien. Mais Paris est en rodage. Quand il va être lancé, ce sera autre chose. »

PARIS FAIT DU SURPLACE

Pourtant, la question du passage de témoin se pose avec acuité à l'issue de la journée suivante qui voit l'OM s'imposer à Caen (2-1) in extremis (90e + 3, but de Gignac), tandis que Paris concède un nouveau nul (1-1) à domicile, contre Monaco. Lucas a ouvert le score (72e), mais Martial a égalisé dans le temps additionnel (90e + 2) et ce n'est pas une injustice.

« Le nul n'est pas le meilleur résultat, on aurait pu faire mieux », déclare d'ailleurs Jardim. Blanc est démuni : « Notre équipe a tellement peur de prendre un but qu'elle finit par le prendre. On panique. Le scénario se répète. J'espère que c'est la dernière fois. »

Sept points séparent maintenant l'OM de Paris. Écart maintenu après 10 journées. Au Stade de France, Paris, avec une défense centrale Camara-Thiago Motta, vient à bout de Lens (3-1), mais perd Cavani, d'abord averti pour avoir fêté un but en simulant un tir de mitraillette en direction des supporters nordistes, puis expulsé pour avoir touché l'arbitre. M. Rainville brandira également le rouge au nez des Lensois Gbamin et Le Moigne. Réaction du président lensois Gervais Martel : « Il n'y avait pas plus penalty que je suis danseuse au Bolchoï. »

C'est devant 61 846 spectateurs (record du Stade Vélodrome) que l'OM bat Toulouse (2-0). Gignac marque son 10e but en 10 matchs. « Bielsa est pour beaucoup dans nos victoires », explique Nkoulou, l'autre buteur du jour qui ajoute : « Paris reste Paris, nous, on est des petits. »

L'OL a étrillé Montpellier (5-1). Il poursuit sa remontée et fait le plein de confiance avant de recevoir l'OM qui reste sur 8 succès d'affilée. Série terminée. À Gerland, les Marseillais s'inclinent (1-0). Gourcuff inscrit le seul but du match (65e) et Lopes fait le reste. Bielsa peste : « Les efforts que nous avons réalisés auraient dû nous permettre de marquer 2 ou 3 buts. » Fournier reconnaît qu'il s'agit d'une « victoire un peu heureuse, car on a tangué fort ».

Lyon revient à 5 points de l'OM et Paris à 4 grâce à sa victoire sur Bordeaux (2-0, 2 penalties de Lucas).

Mais l'exploit de la journée a lieu à Guingamp où Nice mitraille (7-2). Carlos Eduardo marque à 5 reprises. Il s'agit du premier quintuplé en Ligue 1 depuis le sextuplé du Messin Tony Kurbos en 1984 lors d'une victoire (7-3) sur Nîmes.

Lors de la 9e journée, Bastia s'était incliné chez lui contre Lorient (2-0), ce qui avait provoqué ce commentaire glacial du pré-

> « Notre équipe a tellement peur de prendre un but qu'elle finit par le prendre. On panique. Le scénario se répète. J'espère que c'est la dernière fois. »
>
> LAURENT BLANC

Carlos Eduardo : Nice puissance 5 !

sident Pierre-Marie Geronimi : « C'est la pire soirée que j'ai vécue en tant que dirigeant de ce club. Le néant total. » Trois journées plus tard, après un nouveau revers à domicile contre Monaco (3-1), une 19e place et un bilan de 10 points en 12 matchs, Geronimi vire son entraîneur Makelele et le remplace par le directeur de son centre de formation Ghislain Printant.

Loin de cette agitation, l'OM reprend sa marche en avant contre Lens (2-1). Les Marseillais ont été malmenés, mais Thauvin, qui s'est accroché verbalement sur le terrain avec Gignac, leur offre la victoire.

QUAND DIABATÉ CONSOLE SAGNOL

En s'imposant à Lorient (2-1, buts de Cavani et Bahebeck) après avoir été mené au repos (« Notre première période a été d'une faiblesse technique incroyable », dira Blanc), Paris reste dans la course avant l'affrontement entre les deux meilleurs ennemis de la Ligue 1.

Une L1 qui vit au rythme effréné de ses petites affaires. Willy Sagnol est embourbé dans une polémique d'ampleur nationale après des déclarations un peu hâtives et caricaturales sur les caractéristiques du joueur africain (« Il est puissant sur un terrain, mais le foot ce n'est pas que ça, c'est aussi de la technique, de l'intelligence, de la discipline »).

De quoi faire patienter jusqu'au choc. « On va prendre des risques pour gagner », affirme Bielsa. « La qualité, on l'a et on peut aller au bout », ose Fanni. C'est la 5e fois que les deux équipes s'affrontent alors qu'elles occupent les deux premières places. Le match ne tient pas vraiment ses promesses. Une tête de Gignac sur le poteau (5e) fait trembler le Parc, mais l'OM s'étiole et Paris s'impose aisément (2-0, buts de Lucas 38e et Cavani 85e, expulsion injustifiée d'Imbula 78e).

« Au fur et à mesure, l'équipe a perdu de sa consistance, regrette Bielsa. Le match à Lyon avait été meilleur. » « On a frappé un grand coup », se réjouit Blanc. Après 13 journées, le PSG est toujours invaincu. Revenu à 1 point de l'OM, il n'en compte que 1 d'avance sur l'OL, vainqueur de Guingamp (3-1, doublé de Fekir).

À Amiens, Sagnol a fondu en larmes quand son attaquant Diabaté est tombé dans ses bras après avoir inscrit le but de la victoire (2-1) contre Lens. Pas de larmes en revanche après la défaite des Girondins à Marseille (3-1), même si Bordeaux peut nourrir des regrets. Marseille ne s'est imposé qu'en toute fin de rencontre (Gignac 85e, Batshuayi 89e).

Paris a également tremblé. Après avoir mené 2-0 à Metz au bout d'un quart d'heure, il se fait rejoindre sur 2 penalties de Maïga (49e et 53e) et doit longtemps patienter pour recréer l'écart par Lavezzi (3-2, 83e). « Dans l'état d'esprit, il y a des progrès », positive Laurent Blanc.

L'état d'esprit, c'est ce que privilégie le président Aulas après un match nul à Bastia (0-0) qui précède le derby contre les Verts : « C'était un match d'hommes. Un bon entraînement pour celui qui arrive. »

Et qui tourne à la catastrophe pour les Lyonnais étrillés dans le Chaudron (3-0). Fournier est impitoyable : « Résultat navrant, défaite logique, faillite collective, staff inclus. » Tout y passe. En face, son collègue Christophe Galtier est heureux. En six ans sur le banc stéphanois, il n'avait jamais battu l'OL à Geoffroy-Guichard.

Le trou est fait. Après 15 journées, l'OM et Paris caracolent avec 7 et 6 points d'avance sur Lyon et Bordeaux que Saint-Étienne suit à 1 point. Monaco est à 14. Marseille cède un peu de terrain à Lorient (1-1). Payet ouvre le score (32e), mais l'ex-Olympien Jordan Ayew égalise (37e sur penalty).

« Je fais confiance aux Lillois pour obtenir un bon résultat », déclare Gignac. À Lille, sans Zlatan encore blessé, le PSG peut enfin prendre les devants. Sauf qu'il rate une nouvelle fois la marche (1-1). Cavani a ouvert le score (29e), Sirigu a marqué contre son camp (42e). Blanc évoque « un sentiment mitigé. J'ai vu des phases de jeu que je n'avais pas vues depuis longtemps. C'est encourageant. Mais nous étions là pour prendre la tête ».

GUINGAMP, TOMBEUR D'IDOLE

Autre gardien à la peine, celui de Reims Johnny Placide qui ne l'est pas tant que ça quand il offre la victoire à l'OL (2-1) dans le temps additionnel (90e + 1) sur un centre de Lacazette. Fournier parle d'un « véritable soulagement ».

Paris aussi est soulagé quand M. Bastien « oublie » d'expulser Verratti pour une grosse faute sur Nkoudou (11e), alors que Nantes mène 1-0 au Parc des Princes (Bedoya, 8e). Puis quand, sur le coup franc qui s'ensuit, il refuse on ne sait trop pourquoi un second but aux Nantais. Un doublé d'Ibrahimovic remet Paris d'aplomb (2-1). « Pour

Gignac et Batshuayi : éteignent Bordeaux.

Verratti, c'était un jaune orangé, reconnaîtra Blanc. Je me languissais de voir la couleur. » « Je comprends la frustration des Nantais », déclare Matuidi. Et Blanc ajoute : « Terminer les matchs aller invaincus serait une très belle chose, mais il va falloir être meilleurs. »

Pendant ce temps, l'OM a battu Metz (3-1). Pourtant Bielsa est inquiet : « On a du mal à bien jouer, à être décisifs. On n'est pas au mieux. » Et l'OL a dû attendre le bout du bout du match pour s'imposer à Évian (3-2) sur un penalty plus que douteux transformé par Lacazette (90e + 4). « La claque reçue à Saint-Étienne nous a fait grandir », dit le président Aulas. L'OL vient de s'imposer deux fois de suite avec beaucoup de réussite. Faut-il y voir la chance du champion ?

Les Lyonnais, qui enchaînent par un succès tranquille sur Caen (3-0), peuvent véritablement se poser la question, car l'OM chute à Monaco (1-0, but de Silva) et Paris, inexistant, se prend les pieds dans le tapis à Guingamp (1-0, but de Pied) quatre jours après sa première défaite de la saison à Barcelone (3-1).

Bielsa a énormément de regrets : « L'opposition était très inférieure à celle offerte par Paris et Lyon. C'était un match très accessible. » Blanc de son côté fait face à la mitraille : « Je sais que l'entraîneur est toujours responsable. Le métier veut ça, à Paris encore plus qu'ailleurs. Je ne suis pas lâché. N'allez pas chercher des problèmes. On est tous à mettre dans le même sac. Ce n'est pas une mauvaise semaine, c'est une très mauvaise semaine. »

Il est temps que la trêve arrive. En bout de course, le PSG finit l'année sur un vilain match nul (0-0) contre Montpellier. Cela faisait 35 rencontres qu'il n'était plus resté muet en Ligue 1 sur sa pelouse. Blanc prend des engagements : « Désormais, mon management sera un peu moins souple, un peu plus dur. Je suis très énervé. »

Devant 62 408 spectateurs (nouveau record), l'OM se redonne de l'air en battant difficilement Lille (2-1, but victorieux de Batshuayi). « On fait mal à nos adversaires, explique Gignac. C'est la bonne recette, il va falloir la garder jusqu'au bout. »

Marseille finit l'année avec un nouveau dauphin, l'éblouissant OL qui s'impose largement à Bordeaux (5-0, doublés de Lacazette et Fekir). « C'est une très belle soirée qui nous permet d'afficher des ambitions, même s'il ne faut pas s'enflammer », déclare Fournier.

L'OM est champion d'automne, avec 2 points d'avance sur l'OL, 3 sur le PSG, 5 sur Saint-Étienne et 9 sur Monaco. Le championnat est surprenant. Passionnant.

LYON SORT SES GRIFFES

Passé le cap du Nouvel An, Laurent Blanc a l'occasion de mettre en application ses bonnes résolutions. Il suspend pour 2 matchs Cavani et Lavezzi rentrés en retard de vacances : « C'est inadmis-

Beauvue, danger permanent made in Guingamp.

Lopes, impérial contre Paris.

sible, inacceptable, enrage-t-il. Quand on commence à toucher à l'équipe, je peux devenir un petit con et radical. Qui va payer la note à la fin ? C'est moi. »

D'autant que Paris reprend par un énorme raté à Bastia. Après avoir mené facilement 2-0 en vingt minutes, il se fait rejoindre avant le repos et finit par s'incliner (4-2 avec un formidable but du 3-2 pour Palmieri qui sera sacré but de l'année). Blanc est dépité : « Vu notre début de match, si on est professionnels, on doit rentrer à la mi-temps avec 2-0 puis revenir frais et tuer le match ensuite. »

Maigre consolation pour Paris, l'OM s'incline à Montpellier (2-1). « On n'a jamais été à la hauteur des possibilités de l'équipe, marmonne Bielsa. Être premier ne doit pas être une pression. Ça doit stimuler. »

Grosse inquiétude pour Paris, Lyon se promène contre Toulouse (3-0, doublé de Lacazette, but de Fekir) et prend la tête de la Ligue 1 après 20 journées. « Ce n'était pas prévu comme ça, s'étonne joyeusement Fournier. C'est la beauté du foot. Parfois, on a le bonheur de trouver la bonne alchimie. Le titre ? Il faut rester lucide. » La victoire à Amiens contre Lens (2-0) était en revanche programmée.

Personne ne prête attention à la courte victoire (1-0) de Monaco sur Nantes. « On n'a pas fait un bon match, mais on a été bons derrière. » C'est toute l'histoire de la fin de saison qui commence à s'écrire. Pour l'heure, Monaco ne représente pas vraiment une menace pour l'OM, toujours 2e à 1 point de l'OL après son succès sur Guingamp (2-1) qui frustre l'entraîneur breton Jocelyn Gourvennec : « 19 points nous séparent, je ne les ai pas vus ce soir », dit-il.

La victoire de Paris sur Évian (4-2) permet à Lavezzi et Cavani, auteur du dernier but, d'effectuer leur retour sous les sifflets. À un quart d'heure de la fin, les deux équipes étaient encore à égalité (2-2).

Plus probant est le succès à Saint-Étienne (1-0), même s'il a fallu un penalty douteux pour permettre à Zlatan de marquer. Auteur d'un geste violent sur Hamouma en fin de rencontre, le Suédois ne sera pas expulsé, mais prendra 2 matchs de suspension. « En première mi-temps, nous avons eu la maîtrise totale face à une équipe qui a refusé le jeu, déclare Blanc. Ça nous a servis pour la seconde mi-temps. »

Tandis que Monaco s'impose à Lille (1-0), avec ce commentaire de Jardim : « On pense d'abord à rester dans le Top 5, même si l'objectif, c'est le podium », l'OM et sa défense de bric et de broc (Lemina, Morel, Aloé, Dja Djédjé) dérapent à Nice (2-1). L'expulsion du Niçois Gomis (54e) n'a pas suffi à inverser la tendance. « On ne méritait pas de perdre, les intentions étaient bonnes, on a 10 occasions nettes », peste Bielsa.

En attendant, l'OL, vainqueur de Metz (2-0), s'échappe. Il possède 4 points d'avance sur l'OM et le PSG. « Il ne faut pas se prendre pour d'autres, pondère le milieu de terrain Tolisso, sinon on va droit dans le mur. Notre objectif, c'est d'être européen. On ne va pas se prendre la tête avec cette première place. »

Pour justifier ce propos, rien ne vaut un déplacement à Monaco avec, à la clé, un bon vieux 0-0 sur un terrain pourri. « Un sommet de pacotille », titre *L'Équipe*.

Pour battre péniblement Évian (1-0), il faut à l'OM un penalty de Gignac. Pour battre difficilement Rennes, il faut au PSG un but de Lavezzi au terme d'une superbe action collective qui illumine un match médiocre sifflé par le public. Ce qui révolte Ibra : « Nous ne comprenons pas ce qu'ils veulent. Que l'on gagne ou que l'on perde, ils sifflent. Peut-être avaient-ils l'habitude de manger du caviar avant que l'on vienne. »

LA VEDETTE, C'EST TURPIN

À l'aube de la journée suivante et du choc en majuscules entre l'OL et le PSG, Zlatan est plus que jamais au cœur des débats. Hubert Fournier est grinçant : « Celui qui va être le plus provoqué, c'est l'arbitre M. Turpin, comme tous les arbitres du championnat qui se font insulter par ce personnage. J'espère qu'on aura à cœur de ne pas tomber dans la provocation de Zlatan. »

Les Parisiens peuvent une nouvelle fois prendre les commandes de la L1 puisque l'OM a été tenu en échec à Rennes (1-1, égalisation d'Ocampos prêté par Monaco à Marseille à la fin du mercato d'hiver). Il leur suffit de s'imposer à Gerland. Comme souvent, Lopes est en feu. Il gagne deux duels face à Cavani peu inspiré, multiplie les sauvetages en début de seconde mi-temps quand Lyon mène au score grâce à une superbe frappe de Njie (31e) et stoppe même un penalty de Zlatan (68e).

« Nous ne comprenons pas ce qu'ils veulent. Que l'on gagne ou que l'on perde, ils sifflent. Peut-être avaient-ils l'habitude de manger du caviar avant que l'on vienne. »

ZLATAN IBRAHIMOVIC

Sala, en vedette au Vélodrome.

Le hic, c'est que M. Turpin, estimant que trop de joueurs sont entrés dans la surface de réparation avant la frappe, fait retirer le penalty. Une décision qui fera forcément jaser. Une fois l'égalisation acquise, Paris maîtrise le jeu et pousse en vain pour faire le break.

Laurent Blanc est déçu. « Quand on a autant d'occasions il faut les concrétiser. En seconde période, nous avons été supérieurs dans tous les compartiments. » « On a eu un grand Paris face à nous, reconnaît Fournier. On a su faire le dos rond. On n'avait pas les moyens techniques pour rivaliser avec cette équipe. Le nul est un peu heureux. »

CAEN LES REND TOUS FOUS

En ouverture de la 25e journée, l'OM peut reprendre la tête. Il lui suffit de battre Reims au Vélodrome. Une égalisation extrême de Ngog (90e) brise le rêve (2-2). « C'est un croche-pied important de n'avoir pas su gagner contre un adversaire qui était plus faible que nous », résume le traducteur de Bielsa.

Le lendemain, trois jours avant son match retour à Chelsea, c'est Paris qui peut, au moins provisoirement, prendre la tête s'il bat Caen au Parc. Tout commence par une promenade de santé. Au repos, le PSG est sûr de lui (2-0, buts de Zlatan et Lavezzi). Une mi-temps plus tard, c'est la consternation. À la 80e minute, avec la sortie de Lucas blessé aux adducteurs, le PSG se retrouve à 9, car avant le Brésilien, Cabaye, Marquinhos, Matuidi et Aurier sont sortis sur blessures. Et l'incroyable survient. Sala (89e) et Bazile (90e + 2) remettent Caen à niveau (2-2). « Ce sont des moments difficiles qu'il faut surmonter », soupire Blanc, atterré.

L'OL peut creuser l'écart, mais lui aussi est tenu en échec à Lorient (1-1) où Njie répond à Jordan Ayew. Commentaire de Fournier : « On a été moyens. Je m'intègre dedans. »

L'OL n'est guère meilleur contre Nantes qu'il bat péniblement (1-0, but de Fekir 67e).

Il était d'autant plus important pour Lyon de gagner que, quelques heures plus tôt, en battant Toulouse (3-1, dont un doublé de Rabiot), Paris avait pris la tête du classement pour la première fois de la saison. Matuidi avait parfaitement résumé l'événement : « On est contents. On ne va pas non plus sauter au plafond. Ça sera dur jusqu'au bout. »

L'affiche de la journée oppose Saint-Étienne à l'OM. Les Verts ouvrent le score sur un penalty de Gradel (54e). Dix minutes plus tard (63e), Bielsa effectue un triple changement. Aloé, Alessandrini et Batshuayi remplacent Dja Djédjé, Romao et Gignac. Quatre minutes après, l'OM mène. Batshuayi a marqué deux fois sur des centres d'Alessandrini (64e et 67e). Bielsa aurait touché là au génie si Erding n'avait pas égalisé dans le temps additionnel (90e + 1, 2-2).

L'Argentin est contrit : « Je suis frustré. Je me suis trompé sur Dja Djédjé. J'ai cru qu'il voulait sortir. C'est une erreur sérieuse de ma part. Cela aggrave notre situation. » Ayew est lucide : « On

QUAND ZLATAN insulte la France

Le Suédois vient d'égaliser (85e sur penalty, 2-2) à Bordeaux quand, dans la minute suivante, le gardien girondin Carrasso saisit des deux mains une passe en retrait de Sané. L'arbitre M. Jaffredo ne réagit pas. Il expliquera avoir laissé l'avantage dans la foulée d'une faute parisienne. Au moins aurait-il dû siffler la faute pour que tout le monde comprenne, car, dans l'enchaînement, Rolan offre la victoire aux siens (3-2). Dans le paddock, Ibrahimovic est furieux et ne retient pas ses mots: « En quinze ans de foot, je n'ai jamais vu un tel arbitrage dans ce pays de merde. Ce pays ne mérite pas le PSG. Réveillez-vous! On ne joue pas en amateurs. » Immédiatement, la France s'embrase. Le ministre des Sports Patrick Kanner exige des excuses que Zlatan présentera très mollement. Pour ce dérapage, il sera suspendu 4 matchs, sanction ramenée à 3 matchs par le CNOSF.

vient de perdre 4 points en 2 matchs dans le temps additionnel. J'espère qu'on ne va pas le payer à la fin du championnat. » L'OL a 2 points d'avance sur Paris, 4 sur l'OM, 11 sur Monaco vainqueur à Nice (1-0) et qui compte un match en moins.

Avant de recevoir Caen, l'OM vit sur des braises. Un clash survient entre Bielsa et Gignac quand celui-ci apprend qu'il sera remplaçant. Bielsa n'en tient pas rigueur à son avant-centre qu'il lance à l'heure de jeu. Trois minutes suffisent à APG pour marquer un second but (63e, 2-0) qui semble plier l'affaire.

Mais à 11 contre 11, Caen fait encore mieux qu'à Paris: 3 buts de Seube (67e), Sala (70e) et Benezet (87e) foudroient l'OM (3-2). Alessandrini est touché: « Nous voulons toujours jouer et on puise dans nos réserves. J'espère que le mental ne sera pas atteint. » Bielsa évoque un déséquilibre entre système offensif et système défensif et « assume la responsabilité de ce déséquilibre ».

LE VRAI FAUX BUT D'OCAMPOS

À Lille, pourtant en difficulté, l'OL défaille également (2-1) après avoir maîtrisé largement la première période. Cela faisait six ans que Lyon n'avait plus été battu en L1 après avoir mené au repos. « On est passés à côté de quelque chose de grand », regrette Fournier.

Le lendemain, à Monaco, et pour la 4e fois de la saison, Paris peut prendre la tête. Monaco ne se crée par une seule véritable occasion. Le PSG une dizaine, mais il gaspille. Le score reste vierge (0-0). Encore raté. « J'espère qu'on n'aura pas à le regretter, soupire Blanc. Ce n'est ni une mauvaise ni une bonne opération. On se rapproche. »

La journée suivante laisse le classement en l'état, mais secoue rudement les adversaires du trio de tête. L'OM se promène à Toulouse (6-1) après avoir marqué deux fois dans les six premières minutes. Paris souffre un peu plus contre Lens (4-1) et Lyon éblouit à Montpellier qu'il atomise (5-1, doublés de Fekir et Lacazette).

La suite est agitée. De retour de Londres où il a réalisé un exploit considérable en éliminant Chelsea, le PSG paie l'addition à Bordeaux. Répondant aux buts de Sané (18e) et Khazri (70e), Zlatan égalise à deux reprises (50e, 85e sur penalty). Mais ce qui se passe ensuite et entraîne la victoire de Bordeaux (3-2) déchaîne sa colère *(voir encadré)*.

Le soir même, le choc entre l'OM et l'OL est sans relief (0-0). Il s'emballe dans les dix dernières minutes. Ocampos marque pour les Marseillais, mais l'arbitre n'a pas vu que le ballon avait nettement franchi la ligne avant d'être dégagé (83e). Morel est ensuite expulsé (85e) et Yattara puis Njie se créent deux énormes occasions de réaliser le hold-up.

À l'inverse d'Ibra, Bielsa est fair-play : « Que le but soit marqué ou pas n'est pas important. Comme on sait que l'arbitre est impartial, nous acceptons qu'il se trompe. Et il y a aussi des erreurs contre nos adversaires. »

Tandis qu'Ayew trouve ce qui s'est passé « inadmissible », Payet, comme Ibra, se fait shooter en train d'insulter l'arbitre. Il sera suspendu deux matchs et l'affaire des caméras mettra le feu au football français, à ses instances et à l'un de ses diffuseurs, Canal+.

Ce tohu-bohu estompe le limogeage de l'entraîneur de Toulouse, Alain Casanova, après une défaite à Amiens contre Lens (1-0). Il était le plus ancien entraîneur de L1 en poste dans le même club (sept ans). Il est remplacé par Dominique Arribagé.

La 30e journée marque le tournant de cet époustouflant feuilleton. Victorieux à l'arraché de Lorient (3-1, triplé de Zlatan, dont 2 penalties), Paris prend le pouvoir au moment le plus inattendu, car il faut pour cela que l'OL s'incline à domicile contre Nice (2-1) pourtant réduit à 10 après l'expulsion de Palun (55e). Eysseric inscrit le but de la victoire sur coup franc (86e).

Pour corser l'affaire, Yoann Gourcuff a quitté le terrain sans mot dire à la 49e minute et s'est précipité directement au vestiaire. « J'espère qu'il est blessé », râlera Fournier. On ne reverra plus Gourcuff sous le maillot lyonnais. Ses cinq années passées au club auront tourné au cauchemar sportif et financier.

Paris a 1 point d'avance sur Lyon, 2 sur l'OM, qui a balayé Lens au Stade de France (4-0), 6 seulement sur Monaco, vainqueur à Reims (3-1) et qui compte toujours un match en retard, et 7 sur les Verts, qui ont battu Lille (2-0, doublé de Gradel).

L'OL se refait la cerise en Bretagne où il dompte Guingamp (3-1). « On a perdu contre une très bonne équipe », reconnaît Gourvennec. « Je continue à dire qu'on ne pourra parler du titre qu'à trois journées de la fin », rabâche Lacazette.

L'EFFONDREMENT DES MARSEILLAIS

Un petit match nul entre les deux meilleurs ennemis, l'OM et Paris, qui se retrouvent au Vélodrome ferait bien l'affaire des Lyonnais, mais les Parisiens en décident autrement devant 65 148 spectateurs, nouveau record.

Avec son équipe type, Paris maîtrise l'entame avant de se faire contrer par Gignac (30e), de perdre David Luiz sur blessure (33e), d'égaliser par Matuidi (35e), puis de céder de nouveau devant Gignac qui profite d'une mauvaise passe de Verratti (45e). L'OM ne survit pas à la reprise. Marquinhos égalise très vite (49e), et, pressé par Zlatan, Morel dévie dans son but un centre de Pastore (51e). La messe est dite, même si Paris dispute les dix dernières minutes à 10, Thiago Motta étant sorti blessé après l'ultime remplacement. Le match a été superbe.

Monaco, la remontada !

« C'est une joie d'avoir gagné ici, mais on a payé dur la victoire en perdant 2 joueurs », déclare Blanc. Matuidi est heureux : « On a fait un grand match. On va tout faire pour remporter le maximum de titres. »

Comme d'habitude, Bielsa assume ses choix et ses erreurs. Loin de ces altitudes, Reims (16e) a licencié son entraîneur Jean-Luc Vasseur. Il est remplacé par son adjoint Olivier Guégan qui débute par une défaite à domicile contre Nice (1-0), mais évitera la descente aux Champenois.

L'OM file un mauvais coton. Tandis que Monaco se promène à Caen (3-0), trois jours après avoir disputé son match en retard contre Montpellier (0-0), les Marseillais dérapent à Bordeaux (1-0) après avoir été privés de 2 penalties évidents, et tiré deux fois sur les poteaux. « C'est un match où, pour gagner, l'adversaire a eu besoin d'en faire moins que nous », déplore Bielsa.

Pour cause de finale de Coupe de la Ligue, Lyon patiente trois jours pour battre Bastia (2-0). Grenier, absent depuis le mois d'août, effectue sa rentrée en seconde mi-temps (62e). Il offre le centre de l'ouverture du score à Yattara (77e).

« Le but le plus important sera celui du titre », déclare Fournier. En attendant que Paris, qui a remporté la Coupe de la Ligue, reçoive à Metz, l'OL reprend la tête. Mais la véritable info du jour, c'est bien le chassé-croisé sur le podium entre Monaco (58 pts) et l'OM (57). Un tournant qui fait très mal aux Marseillais.

Ceux-ci semblent perdus devant les demandes tactiques souvent incompréhensibles de leur coach et usés par ses exigences physiques. À Nantes, la glissade continue. Une énorme mésentente entre Mandanda et Fanni offre à Gakpé l'unique but du match (20ᵉ, 1-0). Bielsa radote un peu : « On n'a pas réussi à déséquilibrer un adversaire qui n'a pas des joueurs de la même qualité que les nôtres. Notre jeu n'a pas été bon. Avec trois défaites d'affilée, on ne peut plus penser au titre. »

LORIENT ÉTEINT LE VÉLODROME

Le PSG y pense de plus en plus. Sa victoire à Nice (3-1, un doublé de Pastore), obtenue sans Zlatan, les deux Thiago, Maxwell, Verratti et Matuidi, lui permet de revenir à hauteur de l'OL tenu en échec chez lui par Saint-Étienne (2-2). Pourtant, la première demi-heure des Lyonnais a été enthousiasmante. Ils ont accumulé les occasions, mais marqué une seule fois par Njie (24ᵉ). Et puis, Rose a commis une faute de main. Et puis l'arbitre l'a expulsé. Et puis Gradel a transformé le penalty (31ᵉ). Et puis Hamouma a inscrit un second but juste avant la mi-temps (45ᵉ). Jallet sauve les meubles en égalisant dès la reprise (48ᵉ, 2-2). « Je suis fier de notre match, déclare Grenier. Il a été grand et beau. Cette première demi-heure, c'était notre vrai niveau. »

N'empêche qu'avec un match de retard, Paris est revenu à hauteur de Lyon. Et Saint-Étienne à celle de l'OM et à 2 points de Monaco tenu en échec par Rennes (1-1).

Pour l'OM, le pire est à venir. Au Vélodrome, il se fait littéralement démolir par Lorient, 18ᵉ et en pleine crise. Mené 2-0 en un quart d'heure, l'OM parvient à égaliser après l'heure de jeu grâce à Ayew et à Morel. Mais l'autre Ayew, Jordan, est intenable. Déjà auteur du premier but, à 3-3, c'est lui qui marque le 4ᵉ but (84ᵉ) avant le coup de massue d'Autret (86ᵉ, 5-3).

Bielsa est toujours aussi calme au moment d'analyser le désastre : « En première mi-temps, on a été absents ; en seconde, très désordonnés. J'ai honte. Je ne peux me soustraire à ma responsabilité. »

Pascal Dupraz, entraîneur d'Évian qui lutte avec Lorient pour le maintien, aura cette phrase terrible : « Bielsa avait décidé de se moquer du football. »

> **« Bielsa avait décidé de se moquer du football.**
>
> PASCAL DUPRAZ

Le PSG, lui, ne s'en moque pas. Au Parc, il atomise Lille (6-1, un triplé de Lavezzi). À la 4e minute il menait déjà 2-0 (Maxwell et Cavani). Blanc est épaté : « Souvent on se procure des occasions et on ne marque pas. Là, nous avons marqué 6 buts sur 7 tirs cadrés. » Pour le Lillois Nolan Roux, tout est limpide : « Nous avons rencontré le futur champion », lance-t-il.

Mais l'OL frappe fort à Reims, en matière de score en tout cas (4-2). Au bout de six minutes, les Lyonnais avaient déjà marqué deux fois (Tolisso 2e, Lacazette 6e). « On va surtout retenir les 3 points, car on ne peut pas dire que nous ayons fait notre meilleur match de la saison », concède Fournier.

Le président Aulas reste optimiste. « J'ai toujours cette vision dans laquelle je vois l'OL sacré champion à la dernière journée à la différence de buts », révèle-t-il. La victoire des Parisiens en match en retard contre Metz (3-1) le ramène sur terre. « On prend une option très sérieuse sur le titre », estime Pastore.

Ce ne sont pas les vaines imprécations d'Aulas qui, après le succès des siens sur Évian (2-0), tente d'empêcher Zlatan de jouer le lendemain à Nantes pour de sombres questions de vices de forme liées à sa suspension, qui vont freiner les Parisiens.

Vainqueurs aisés (2-0, buts de Cavani et Matuidi), ils foncent vers la ligne d'arrivée. « Je ne sais pas si on va être champions, mais il est évident que Paris est redevenu une équipe difficile à manœuvrer et redoutable offensivement », juge Blanc.

MONACO DÉSESPÈRE L'OM

À l'étage en dessous, la défaite de Saint-Étienne à Bastia (1-0, et ce cri de rage de Galtier : « Chacun pense à sa petite gueule ») permet à l'OM, vainqueur à Metz (2-0, 100e et 101e buts de Gignac en Ligue 1 à la clé), de revenir à hauteur des Verts, mais à 5 points de Monaco qui a torpillé Toulouse (4-1).

La 36e journée clôt le débat pour le titre. Tandis que Paris, irrésistible, pulvérise Guingamp (6-0, triplé de Cavani, doublé d'Ibrahimovic), Lyon s'effondre à Caen (3-0). « C'est la meilleure équipe dans laquelle j'ai joué », s'enthousiasme Thiago Silva. Fournier est fataliste : « On n'a pas eu les épaules assez solides pour prétendre aller jusqu'au bout. On a lâché prise. Voir le PSG marquer 6 buts hier a pu nous désarçonner. »

La bataille fait toujours rage pour la 3e place. Largement dominé à domicile par Monaco, l'OM arrache la victoire dans le dernier quart d'heure. Une tête d'Ayew (79e) et une reprise d'Alessandrini (87e) font chavirer le Vélodrome.

Bielsa parle d'une victoire « étriquée, mais méritée ». « L'équipe la plus efficace s'est imposée », affirme Jardim dépité. Comme Saint-Étienne a éclaté Nice (5-0), Monaco n'a plus que 2 points d'avance sur l'OM et les Verts.

Dans ce sprint fou, plus personne ne lâchera rien à l'exception de Lyon, tenu en échec à Gerland par Bordeaux (1-1).

Vainqueur à Montpellier (2-1, buts de Matuidi et Lavezzi), Paris décroche sa troisième couronne d'affilée. « Après notre élimination contre Barcelone, on a fait ce qu'il fallait pour devenir champions », résume Lucas. Paris vient d'enchaîner son huitième succès consécutif. Et le président Al-Khelaïfi voit plus loin : « On va réfléchir à la façon d'atteindre un autre objectif : la Ligue des champions. »

L'OM aimerait simplement y participer. Il finit au sprint à Lille (4-0) puis contre Bastia (3-0). Saint-Étienne se dépouille pour gagner à Évian (2-1, doublé de Gradel), qu'il condamne à la descente, et contre Guingamp (2-1, doublé de Gradel). Mais Monaco ne lâche pas son os. Il bat Metz (2-0) puis s'impose à Lorient (1-0). À lui les matchs de barrages qualificatifs pour la juteuse C1. Bielsa est déçu : « Je suis frustré. Mon bilan personnel n'est pas positif. Cette équipe avait les moyens de finir sur le podium. »

Les têtes tournent, le train de la L1 entre en gare. Le voyage a été palpitant, la supériorité annoncée de Paris contestée jusqu'au bout, mais au bout du compte, le PSG termine comme prévu avec une très large avance (8 points) sur son dauphin. L'ordre règne sur la Ligue 1.

« On va réfléchir à la façon d'atteindre un autre objectif : la Ligue des champions. »

AL-KHELAÏFI

Et à la fin c'est Paris qui gagne.

LYON-PSG
LE GRAND COMBAT DES FILLES

Les filles de l'OL ne sont plus seules. Si elles ont de nouveau écrasé la Ligue 1, elles ont néanmoins trouvé des rivales à leur dimension avec ces Parisiennes qui les ont éliminées de la C1 avant de parvenir en finale.

Le football féminin souffre de ses disparités. Quand les Lyonnaises remportent un 9e titre de champion consécutif (le 13e de l'histoire du club), elles le font en gagnant 22 matchs sur 22, avec 147 buts marqués (plus de 6,5 de moyenne par rencontre !) et 6 seulement encaissés, ce qui ne crédibilise pas la compétition.

Avec sa pléthore d'internationales étrangères mais aussi françaises (10 sélectionnées en équipe de France pour le Mondial), son nouvel entraîneur Gérard Prêcheur, qui a remplacé l'emblématique Patrice Lair, et malgré son budget rétréci à 3 millions d'euros, l'OL donne l'impression de planer en solitaire.

Impression fausse. En face, il y a le PSG porté par la puissance du Qatar, avec son budget de 7,5 millions et son recrutement mastoc (la Suédoise Seger, les Allemandes Alushi et Henning en 2014). Ce PSG qui grandit d'année en année et ne craint plus le bras de fer avec son rival rhodanien. La saison précédente, il a infligé à l'OL sa seule défaite en championnat, la première et toujours l'unique depuis mars 2010.

Car si les deux équipes se sont affrontées à quatre reprises la saison dernière, en L1, les tenantes du titre se sont d'abord imposées à domicile (2-1) avant d'effectuer une promenade de santé au match retour (4-0) à Paris. Sous les yeux du président Nasser Al-Khelaïfi et de Thiago Silva, les Parisiennes ont concédé leur seconde et dernière défaite (pour 20 victoires) de cette édition qui s'est terminée à 6 points des Lyonnaises.

En Ligue des champions, en revanche, ce fut une tout autre histoire. Obligées de s'affronter dès les huitièmes de finale, les deux formations se livrèrent un combat de géantes.

À Paris, le match aller s'achève sur un score nul (1-1). Alushi (49e) a répondu à Petit (25e). Lyon a fait le plus dur, mais, quatre jours plus tard, les équipières de Wendie Renard, si elles dominent toute la rencontre, se font finalement contrer par Alushi (79e). C'est un coup de tonnerre dans les cieux français, mais aussi européens, du football. Pour la seconde année consécutive, Lyon cale à ce stade de l'épreuve (Postdam en 2013). Paris est sur la voie royale.

PARIS, LE RÊVE BRISÉ

Le soir même où, à Rodez, sous les yeux du président Aulas qui exprime sa « fierté » à ses joueuses, l'OL décroche son titre national (avant de remporter peu après une 4e Coupe de France consécutive contre Montpellier 2-1), au Parc des Princes, devant 11 000 spectateurs, Paris exécute Glasgow (5-0) en quart de finale de la C1 (2-0 à l'aller pour le PSG).

En demi, face aux Allemandes de Wolfsburg, Paris se fait peur. Victorieuses 2-0 en Allemagne, les filles de Farid Benstiti s'inclinent au retour (2-1). Il ne reste plus sur leur route que l'ogre Francfort. En C1, la crédibilité pâtit également des inégalités. En quart, les Allemandes (budget 1,8 million !) ont laminé les Anglaises de Bristol (5-0 et 7-0). Même traitement pour les Danoises de Brondby en demi (7-0 et 6-0).

Francfort a déjà remporté trois C1. Benstiti qui a perdu une finale en 2010, quand il entraînait encore l'OL, donne le ton : « Je connais les pièges. Il faut éviter d'être euphoriques et ne pas se satisfaire d'être simplement là. »

À Berlin, sous les yeux de la chancelière Angela Merkel et de Michel Platini, les Parisiennes peinent à entrer dans le match. La star de Francfort, Celia Sasic, ouvre le score (32e) en inscrivant son 39e but de la saison, son 14e en C1. Le PSG, en souffrance, parvient tout de même à égaliser sur une tête de Delie (40e). Mais au bout d'une seconde période beaucoup plus équilibrée, un extérieur du gauche d'Islacker broie son rêve dans le temps additionnel (90e + 2).

« C'est d'autant plus frustrant, déplore Benstiti, que le match nous échappe au moment où je pensais qu'il allait basculer pour nous. C'est un coup d'assommoir. »

« On va se renforcer avec une ou deux joueuses. On veut gagner la Ligue des champions », annonce le président Al-Khelaïfi.

Plus que jamais, le grand combat des filles OL-PSG continue.

« C'est d'autant plus frustrant, que le match nous échappe au moment où je pensais qu'il allait basculer pour nous. C'est un coup d'assommoir.

FARID BENSTITI

Delie remet les pendules à l'heure contre Wolfsburg.

À quelques mois de l'Euro 2016, l'ancien milieu de terrain international du PSG se souvient de la victoire des Bleus à domicile lors de l'Euro 1984 qu'il a disputé dans son intégralité. Puis l'actuel entraîneur de la Guinée, et consultant sur RMC et BeIN Sports, compare les époques et les stars avec son habituel franc-parler.

LUIS FERNANDEZ

« AVEC PLATINI, TOUT ÉTAIT POSSIBLE »

SES DÉBUTS CHEZ LES BLEUS

« Je suis arrivé en novembre 1982 pour un match aux Pays-Bas. L'équipe de France était très expérimentée. Elle venait de disputer les demi-finales du Mondial où elle s'était inclinée à Séville dans les circonstances que l'on sait, aux tirs au but après prolongation. Platini, Tigana, Giresse, Rocheteau, Battiston, Bossis en constituaient l'ossature. Mais le sélectionneur Michel Hidalgo voulait intégrer des jeunes. Il y a eu notamment Ferratge, Brisson et moi. Pour moi, ça s'est bien passé. Je suis tout de suite devenu titulaire. »

La joie des Bleus, vainqueurs de l'Euro 84 au Parc des Princes.

SES MEILLEURS SOUVENIRS DE L'EURO 1984

« Ils sont nombreux. D'abord, le premier but de Michel Platini. Le premier, c'est celui d'une difficile victoire contre le Danemark en match d'ouverture (1-0). Nous avions une énorme pression parce que nous étions favoris de l'épreuve et que nous évoluions à domicile. Et Amoros s'était fait expulser. Ensuite, le but que j'ai marqué contre la Belgique (5-0) alors que je jouais arrière droit. Contre le Portugal en demi-finale, j'ai également joué arrière droit. Ce match est inoubliable avec les deux buts de Domergue et celui victorieux de Platini en prolongation. Enfin, le dernier but de Platini, en finale contre l'Espagne, avec la fameuse faute de main d'Arconada. »

LE RÔLE DE PLATINI

« Sans lui, tu ne peux pas y arriver. Avec lui, tout était possible. Rendez-vous compte, il a inscrit 9 buts en 5 matchs. Contre la

Fernandez, consultant pour BeIN Sports.

Yougoslavie, il marque du gauche, du droit et de la tête. Ça résume son talent. C'était une chance de l'avoir avec nous. Ce n'est pas un hasard s'il a gagné trois fois le Ballon d'or. C'était un meneur de jeu hors pair, mais aussi un véritable meneur d'hommes. »

LE POIDS D'UN PAYS

« Évoluer à domicile était un gros avantage qu'il ne fallait pas galvauder. On sentait que le cœur des Français battait pour nous, que l'engouement des supporters était énorme. Dans les quatre stades dans lesquels nous avons évolué, à Paris, à Nantes, à Saint-Étienne et à Marseille, le soutien a été formidable. À Marseille, contre le Portugal, c'est l'ambiance diabolique qui nous a aidés lors de la prolongation à aller chercher une place en finale (3-2) avec nos tripes, alors qu'en seconde période nous étions menés et presque K-O. »

SA FINALE CONTRE L'ESPAGNE

« Le match a été très tendu et notamment pour moi, qui suis d'origine espagnole et naturalisé. Ce soir-là, j'ai entendu de tout. Mes adversaires me traitaient de renégat, de traître. Ils n'avaient pas le droit de faire ça. Ils ne connaissaient pas mon histoire. Mon père est mort en Espagne. »

MICHEL HIDALGO, LE LIEN

« Nous étions un groupe sain dirigé par un homme de sagesse et de compromis. J'avais toujours plaisir à l'écouter. Il parlait remarquablement bien. Il a réussi avec un groupe qui savait vivre ensemble et partager. À l'époque, il n'y avait pas de jeux vidéo ou de casques pour écouter de la musique. On jouait aux cartes, on rigolait ensemble. Hidalgo avait soudé le groupe. À chaque rassemblement, nous étions heureux de nous retrouver. »

SON PLUS BEAU SOUVENIR EN BLEU

« Le penalty décisif inscrit lors de la séance de tirs au but contre le Brésil à Guadalajara en 1986, après que Platini a raté le sien. Je me souviens avoir marché lentement vers le but. Je savais exactement où j'allais tirer. Après, j'ai couru très vite. Je voulais faire le tour du stade. J'étais sur une autre planète. »

Tir au but décisif de Fernandez contre le Brésil lors de la Coupe du monde 86.

1984, 1998 OU 2000 ?

« En 2000, c'est le triomphe de la génération Zidane. En 1984, Platini était le seul à jouer à l'étranger. En 2000, presque tous les joueurs évoluaient dans des grands clubs étrangers, où ils avaient acquis une culture de la gagne qui leur avait déjà servi en 1998 pour devenir champions du monde. Mais j'ai préféré la victoire de 2000 à celle de 1998, où l'on n'a pas vu un jeu à la française, ni beaucoup de panache. En dehors de la finale, les autres matchs décisifs ont été très compliqués. En 2000, ils se sont lâchés et ont disputé des matchs remarquables. »

LE MATCH PLATINI-ZIDANE

« J'ai eu la chance très rare de jouer avec les deux, puisque j'évoluais à Cannes quand Zizou y a effectué ses débuts. Zidane a été un génie du jeu. Platini aussi, mais, en plus, il a été un précurseur, car il a rendu sa confiance au football français. Mais je ne peux pas dire qui est le meilleur des deux. Dans mon équipe idéale, les deux seraient titulaires. Michel plus en buteur et Zizou en artiste maître à jouer. Il avait une aisance gestuelle que Platini n'avait pas. Lui était plus un joueur de surface et un patron. Mais je ne tranche pas. Il s'agit de deux immenses joueurs. »

SA VISION DES BLEUS 2016

« L'équipe de France ne possède pas de joueur emblématique. J'attends un peu plus de Benzema. C'est un garçon qui a pris une certaine dimension. Mais l'atout majeur peut être Pogba. Il a une telle aisance, une telle facilité. Il grandit, il acquiert de la maturité. Il est au cœur du jeu. Il peut récupérer, jouer, faire jouer, organiser, marquer. Il possède tout le répertoire du milieu moderne. S'il arrive à se canaliser, il atteindra les sommets et la France profitera de tout son talent. Avec Lloris, Varane, Pogba et Benzema, elle possède une superbe colonne vertébrale. Cette équipe n'a pas de Zidane ou de Platini. Sa force sera plus collective. Mais ces quatre-là doivent tirer les autres vers le haut. »

SON ATTENTE DES BLEUS À L'EURO

« Je serais déçu si l'équipe de France ne parvenait pas en finale. Elle sort d'un quart de finale de Coupe du monde. On peut imaginer que l'Allemagne et les Pays-Bas ne seront pas aussi forts qu'en 2014 au Brésil. L'Espagne n'est plus l'Espagne. Ronaldo ne parvient toujours pas à tirer le Portugal vers le haut. Reste la menace belge. Mais s'il n'y a pas de blessés durant la saison, si tous les éléments sont au top, je crois vraiment que nous irons en finale. »

« L'équipe de France ne possède pas de joueur emblématique. J'attends un peu plus de Benzema. C'est un garçon qui a pris une certaine dimension. Mais l'atout majeur peut être Pogba. »

LUIS FERNANDEZ

SON POSTE DE SÉLECTIONNEUR DE LA GUINÉE

« On m'a plusieurs fois demandé si j'aimerais entraîner en Afrique. J'ai toujours répondu oui. Ça ne s'est pas fait à l'époque pour diverses raisons avec le Cameroun et la Côte d'Ivoire. Le président de la Fédération guinéenne s'est déplacé deux fois pour me voir. J'ai écouté, je suis allé sur place, j'ai été très sensible à ce que j'ai vu. Je suis sûr et certain que la Guinée n'est pas si loin des grands pays africains. Dans deux ans, nous devons bien figurer en Coupe d'Afrique. À eux d'apprendre aussi à avoir un projet de jeu. Il y a beaucoup de talents en Guinée. Il faut juste trouver l'équipe idéale avec des joueurs motivés et irréprochables. Et puis, moi aussi, j'ai un Pogba dans mon équipe, Florentin, le frère de Paul. »

SON RÔLE DE CONSULTANT

« Mes fonctions à la tête de la Guinée ne m'empêcheront pas de poursuivre mes interventions sur RMC et BeIN Sports. J'aurai un adjoint qui sera en permanence présent sur place. Pour moi, c'est important de pouvoir m'exprimer sur le foot, son actualité et son évolution. »

LES TOPS

1. Marco VERRATTI
Le magicien

Un enchantement. Un joueur absolument unique, amoureux de la prise de risque exacerbée et du jeu vers l'avant. Et lui qui n'avait jamais marqué l'a enfin fait, en Ligue des champions (contre le Barça) comme en Ligue 1. Un atout majeur dans la réussite du PSG.

2. Alexandre LACAZETTE
Le tueur

Avec des statistiques qui s'envolent et un titre de meilleur buteur à 23 ans, l'avant-centre de L'OL a tenu un rôle essentiel dans la saison inattendue et parfois flamboyante de son club devenu le grand rival du PSG. Reste à confirmer ce nouveau statut.

3. Laurent BLANC
L'architecte

Il faut forcément un véritable talent pour coacher avec le succès que l'on sait une équipe composée presque uniquement de stars. Faux dilettante, Blanc a marqué de son empreinte un PSG couvert de titres en gérant parfaitement les situations de crise.

4. Claudio BEAUVUE
La révélation

Quasiment inconnu au bataillon en début de saison, l'avant-centre de Guingamp a éclaté à 27 ans au firmament du football français, accumulant les buts en Ligue 1 et en Ligue Europa. Plus encore peut-être que le Lyonnais Fekir, il est la révélation de l'année.

5. Danijel SUBASIC
La muraille

Si Monaco a pu s'appuyer toute la saison sur une défense de fer, aussi bien en Ligue 1 (26 buts seulement encaissés) qu'en Ligue des champions, c'est d'abord grâce à son gardien. Jamais très spectaculaire, mais toujours efficace, Subasic est une pépite.

LES FLOPS

5

Divock ORIGI
La régression

Transféré à Liverpool à l'été 2014 et immédiatement prêté à Lille, le jeune attaquant belge (20 ans en avril 2015) n'a pas justifié les espoirs qu'il avait fait naître un an plus tôt puis au Mondial. Comme si la L1 était devenue sans intérêt pour lui. Un échec majeur.

4

Zlatan IBRAHIMOVIC
Le couac

Blessures à répétition, déclarations malvenues sur la France, expulsions avec suspensions à la clé, perte d'influence évidente dans le jeu et pour conclure une finale de Coupe de France totalement ratée. L'immense Zlatan a parfois été le boulet du PSG.

3

Pascal DUPRAZ
La fracture

Dans un contexte certes compliqué, l'entraîneur d'Évian-Thonon-Gaillard a continué à jouer son rôle de rebelle provocateur et souvent excessif. Une posture qui est venue se fracturer sur les piètres performances de son équipe finalement reléguée en Ligue 2.

2

Yoann GOURCUFF
Le désastre

La catastrophe industrielle du siècle ! Acheté à prix d'or à Bordeaux en 2010 et assis sur un salaire monumental, le meneur de jeu lyonnais ne s'est jamais intégré, finissant par devenir un poids mort pour son club en raison de nombreuses et mystérieuses blessures.

1

Florian THAUVIN
La dégringolade

Une véritable énigme. Loin de son potentiel, l'ombrageux attaquant de l'OM n'a répondu, une fois de plus, ni à l'attente des supporters ni à celle de son entraîneur. Et Marcelo Bielsa, qui l'appréciait, a fini par le reléguer sur le banc des remplaçants.

LA GÂCHETTE LACAZETTE

En marquant à 27 reprises, l'avant-centre de l'OL finit en tête du classement des buteurs, tout en devenant le meilleur réalisateur de l'histoire de son club sur une saison de Ligue 1.

Cinq ans après ses débuts en Ligue 1 sous le maillot lyonnais, à 18 ans, en mai 2010, Alexandre Lacazette a touché, à 23 ans, les dividendes d'un apprentissage parfois douloureux. Il lui a fallu en effet attendre le départ, en 2013, de Lisandro, dont la présence l'obligeait à jouer sur un côté puis celui, en 2014, de Gomis, pour enfin se voir confier la responsabilité unique d'un poste d'avant-centre qui lui convient si bien.

« Petit, je notais mes buts, a-t-il raconté. Quand on m'a demandé de jouer sur les côtés, j'ai arrêté parce qu'on attendait autre chose de moi. Maintenant que je joue dans l'axe, je fais de nouveau attention à mes statistiques. Je crois me souvenir de chacun de mes buts. »

À la fin de la saison 2014-2015, il en avait déjà inscrit 51 en Ligue 1, soit encore 204 de moins que son mentor et conseiller à l'OL Bernard Lacombe, meilleur buteur français de L1 de tous les temps (255 buts), mais suffisamment pour battre avec ses 27 buts (dont 8 penalties) le vieux record lyonnais datant de 1968-1969 d'André Guy (25 buts en une saison), et pour devenir le deuxième meilleur buteur français de L1 des trente dernières années derrière Jean-Pierre Papin (30 buts en 1989-1990).

« C'est bien, expliqua-t-il, d'avoir marqué l'histoire de mon club avec ce record qui me remplit de fierté et de joie. Je suis satisfait de moi. En 2013-2014, j'avais inscrit 15 buts. Je ne pouvais pas me douter que j'allais en marquer autant la saison suivante. »

Perfectionniste (« Je regarde aussi des images de mes occasions ratées pour comprendre et corriger mes erreurs »), ce buteur-né a également délivré 6 passes décisives en club et inscrit son premier but sous le maillot bleu lors d'un France-Danemark disputé à Saint-Étienne.

Un formidable bilan global qui lui a permis d'être sacré par ses pairs meilleur joueur de Ligue 1 (devant le trio parisien Verratti, Pastore, Ibrahimovic) d'une saison qui ressemble à une consécration.

MEILLEUR BUTEUR

Voici le descriptif des 27 buts qui ont permis à Alexandre Lacazette de finir meilleur buteur de la Ligue 1 devant le Marseillais André-Pierre Gignac (21 buts) et le Parisien Zlatan Ibrahimovic (19 buts).

LYON-RENNES 2-0 (1re journée)
1 : faute de M'Bengue sur Njie qui entraîne un penalty que Lacazette transforme en prenant Costil à contre-pied d'une frappe du droit en lucarne (73e, but du 2-0).

TOULOUSE-LYON 2-1 (2e journée)
2 : centre en retrait de Ferri dans la surface de réparation que Yattara laisse passer pour Lacazette. Aux 8 mètres, l'avant-centre lyonnais trompe Ahamada d'une reprise du droit au ras du poteau (77e, but du 2-1).

METZ-LYON 2-1 (4e journée)
3 : centre de la gauche de Ferri devant le but. À 3 mètres de la ligne, Lacazette devance Métanire et marque à ras de terre du droit dans le but vide (68e, but du 0-1).

LYON-LORIENT 4-0 (6e journée)
4 : servi dans l'axe par une passe latérale de Njie, Lacazette marque de 20 mètres du droit à ras de terre au ras du poteau gauche de Lecomte (5e, but du 1-0).

LYON-LILLE 3-0 (9e journée)
5 : de son propre camp, Fekir alerte Lacazette à la limite du hors-jeu. L'avant-centre lyonnais file vers Enyama sorti à sa rencontre et le trompe d'une frappe à ras de terre décroisée du droit délivrée de l'entrée de la surface (39e, but du 1-0).
6 : coup franc tiré de la droite par Gourcuff aux 6 mètres où Lacazette, à la limite du hors-jeu, devance Enyama de la tête (45e, but du 2-0).
7 : après avoir perforé la défense lilloise, Njie sert Lacazette sur sa gauche dans la surface. Le buteur de l'OL revient sur son pied droit, élimine Basa et trompe Enyama d'une frappe en force aux 8 mètres (84e, but du 3-0).

LYON-MONTPELLIER 5-1 (10e journée)
8 : long débordement de Njie sur la gauche qu'il achève par un centre sur Lacazette seul dans l'axe. À l'entrée de la surface, il trompe Jourdren venu à sa rencontre d'un tir à ras de terre du droit (82e, but du 4-1).

NICE-LYON 1-3 (12e journée)
9 : formidable action personnelle de Lacazette. Parti des 40 mètres, il perfore la défense niçoise avant de marquer d'un tir du droit décroisé au ras du poteau gauche de Hassen (80e, but du 1-2).

10 : servi par Mvuemba, Lacazette, qui n'est pas attaqué, avance tranquillement jusqu'aux 15 mètres, d'où il déclenche une frappe victorieuse du droit à ras de terre au ras du poteau droit de Hassen (90e + 4, but du 1-3).

LYON-GUINGAMP 3-1 (13e journée)
11 : centre travaillé de Fekir au point de penalty que Bisevac prolonge de la tête au-delà du second poteau où Lacazette trompe Lössl de la tête (7e, but du 1-0).

ÉVIAN-LYON 2-3 (16e journée)
12 : un corner de Ghezal échappe aux défenseurs savoyards. Au-delà du second poteau, Lacazette contrôle et croise une frappe du droit en force sous la barre de Hansen (81e, but du 2-2).
13 : main involontaire de Thomasson. M. Bastien siffle un penalty que Lacazette transforme d'une frappe en force dans l'axe à mi-hauteur. Hansen avait anticipé sur sa droite (90e + 4, but du 2-3).

LYON-CAEN 3-0 (18e journée)
14 : faute de Pierre sur Fekir. Lacazette transforme le penalty d'une frappe à ras de terre au ras du poteau droit de Vercoutre (7e, but du 1-0).
15 : à la retombée d'un corner, Umtiti prolonge de la tête au-delà du second poteau à l'angle des 6 mètres, où Lacazette trompe Vercoutre d'une reprise en force du droit sous la barre. Il égale ainsi son nombre de buts en L1 de la saison précédente (57e, but du 2-0).

BORDEAUX-LYON 0-5 (19e journée)
16 : à hauteur de la ligne médiane, Fekir lance Lacazette en profondeur à la limite du hors-jeu. L'avant-centre de l'OL file vers Cédric Carrasso qu'il trompe du droit d'une frappe en force des 16 mètres sous la barre (39e, but du 0-1).
17 : centre de Jallet récupéré de l'autre côté du terrain par Bedimo qui sert en retrait Lacazette. Celui-ci trompe Carrasso d'une reprise de volée du droit en pivot des 8 mètres à mi-hauteur (90e, but du 0-5).

LYON-TOULOUSE 3-0 (20e journée)
18 : servi par Fekir sur la droite de la surface, Lacazette expédie des 12 mètres une frappe du droit décroisée en force qui file entre Ahamada et son poteau gauche (14e, but du 1-0).
19 : passe de Tolisso détournée par le pied d'un défenseur. Lacazette hérite du ballon sur la gauche de la surface et trompe Ahamada d'une frappe du droit et à ras de terre de 15 mètres (27e, but du 2-0).

LENS-LYON 0-2 (21e journée)
20 : long centre de Jallet que Sylla intercepte de la main. Lacazette transforme le penalty en prenant Riou à contre-pied d'une frappe du droit à ras de terre (26e, but du 2-0).

LYON-METZ 2-0 (22e journée)
21 : faute sur Ghezal. Lacazette transforme le penalty en prenant Johann Carrasso à contre-pied d'une frappe en force du droit sous la barre (31e, but du 1-0).

MONTPELLIER-LYON 1-5 (28e journée)
22 : faute d'El Kaoutari sur Fekir. Lacazette transforme le penalty d'une frappe du droit qui prend Jourdren à contre-pied (30e, but du 1-1).
23 : centre de Yattara de la droite pour Lacazette. Seul face au but, il reprend de volée du droit et marque à mi-hauteur dans le but vide (90e + 4, but du 1-5).

GUINGAMP-LYON 1-3 (30e journée)
24 : penalty très discutable pour une faute de Sankoh sur Lacazette qui transforme lui-même la sanction d'une frappe en force du droit sous la barre de Lössl (39e, but du 0-2).

LYON-BASTIA 2-0 (32e journée)
25 : immense débordement de plus de 60 mètres de Njie sur la gauche du terrain. Lacazette reprend le centre du droit à ras de terre et trompe Areola (85e, but du 2-0).

REIMS-LYON 2-4 (34e journée)
26 : au-delà du second poteau, à la retombée d'un centre de Njie venu de la droite, Lacazette trompe Agassa d'une reprise de volée du gauche aux 8 mètres (6e, but du 0-2).

LYON-ÉVIAN 2-0 (35e journée)
27 : penalty sifflé pour un pied haut de Nounkeu sur Tolisso. Lacazette le transforme d'une frappe du droit en force et dans l'axe sous la barre de Leroy (38e, but du 2-0).

LAURENT BLANC ET SES 23 CHAMPIONS

En offrant au PSG le 5e titre de son histoire et le 3e consécutif, Laurent Blanc est également devenu le 1er entraîneur sacré deux fois à Paris.

Annoncé en bout de course à mi-saison, quand le PSG peinait à retrouver son jeu enlevé et son efficacité, Laurent Blanc a totalement renversé la vapeur au printemps avec un fameux et inédit triplé national qui lui permet de faire désormais partie de la caste des coachs sacrés champions à trois reprises et, pour ce qui le concerne, dans deux clubs différents (Bordeaux 2009, Paris 2014 et 2015).

C'est là un bonheur partagé par tous ceux qui pensent que, même s'il fut choisi par défaut à l'été 2013 par les dirigeants parisiens, il était bien une sorte d'entraîneur idéal, construit par une longue et brillante carrière de joueur.

« J'ai connu tous les contextes, a-t-il raconté dans *L'Équipe Magazine*. Des clubs familiaux, Auxerre et Montpellier, comme des géants, Barcelone, l'Inter Milan, Manchester United. J'en ai tiré la conclusion qu'en tout entraîneur, il faut qu'il y ait de l'humain et même de l'humanité. Il faut qu'il respecte ses joueurs, qu'il les aime, et que ce respect soit réciproque. »

Une véritable philosophie qui lui a permis de conserver son équilibre dans un club nourri au star-system, où les ego sont forcément très forts (et pas seulement celui de Zlatan), l'équilibre du vestiaire extrêmement fragile, les exigences immenses et le contexte rendu très compliqué la saison passée par les contrecoups du Mondial brésilien.

« Dans un grand club, dit-il, on a le choix entre gagner et gagner. Ça tombe bien, j'adore gagner. Mais à Paris il faut gagner et aussi bien jouer. Et rien n'est facile. Certains pensent qu'au PSG l'entraîneur ne sert à rien. Pour un peu, parfois, on pourrait croire que le championnat est gagné d'avance, que ce n'est même pas la peine de le jouer ou que la Ligue des champions sera automatiquement gagnée. Mais c'est faux. »

Quoi qu'il en soit, ce personnage parfois insaisissable ne cesse de s'affirmer. « Je suis réservé, concède-t-il, et, c'est vrai, pas très à l'aise avec les gens que je ne connais pas. Mais quand j'entends "Blanc est hautain", ça me fait très mal. »

Alors, disons plutôt que Blanc est hauteur.

Pour décrocher le 5e titre du PSG Laurent Blanc, comme la saison précédente, a utilisé 23 joueurs.

LES CHAMPIONS

GARDIENS
Salvatore Sirigu, 28 ans, 34 Matchs
Nicolas Douchez, 35 ans, 5 matchs

DÉFENSEURS
David Luiz, 28 ans, 28 Matchs, 2 buts
Scherrer Maxwell, 33 ans, 26 Matchs, 3 buts
Thiago Silva, 30 ans, 26 Matchs, 1 but
Marquinhos, 21 ans, 25 Matchs, 2 buts
Gregory van der Wiel, 27 ans, 25 Matchs, 1 but
Lucas Digne, 21 ans, 15 Matchs
Serge Aurier, 22 ans, 14 Matchs
Zoumana Camara, 36 ans, 8 Matchs, 1 but
Presnel Kimpembe, 19 ans, 1 match

MILIEUX DE TERRAIN
Blaise Matuidi, 28 ans, 34 Matchs, 4 buts
Javier Pastore, 25 ans, 34 Matchs, 5 buts
Marco Verratti, 22 ans, 32 Matchs, 2 buts
Thiago Motta, 32 ans, 27 Matchs
Yohan Cabaye, 29 ans, 24 Matchs, 1 but
Adrien Rabiot, 20 ans, 21 Matchs, 4 buts
Clément Chantôme, 27 ans, 6 Matchs

ATTAQUANTS
Edinson Cavani, 28 ans, 35 Matchs, 18 buts
Ezequiel Lavezzi, 30 ans, 31 Matchs, 8 buts
Lucas, 22 ans, 29 Matchs, 7 buts
Zlatan Ibrahimovic, 33 ans, 24 Matchs, 19 buts
Jean-Christophe Bahebeck, 22 ans, 15 Matchs, 2 buts

ILS ONT DIT… ILS ONT FAIT

Du brillantissime Paris SG, qui a tout raflé dans l'Hexagone, jusqu'à Évian qui a tout raté, en passant par nos coups de cœur, Guingamp et Caen, voici le carnet de notes de l'année. Comme d'habitude, chacun est évalué en fonction de ses résultats, mais aussi des moyens investis pour les obtenir et des ambitions affichées en début de saison.

PARIS 18,5/20

« Vous êtes tous unanimes pour dire que, dans toutes les compétitions nationales, le PSG est favori. Il est donc important d'y briller. Cette année sera difficile, mais on est bien armés pour atteindre tous les objectifs fixés. »

Laurent Blanc (entraîneur)

Une Coupe de plus et un point de plus que l'an dernier dans le *Livre d'Or* pour ce PSG irrésistible en France et uniquement stoppé par le divin Barça en Ligue des champions. Ce carton plein national inédit, obtenu au terme d'une saison durant laquelle les Parisiens, après un début poussif, sont montés en puissance au fil des mois, est même embelli par un formidable bilan comptable : 3 défaites seulement toutes compétitions confondues en France pour 49 matchs.

MONACO 16/20

« En C1, on aimerait atteindre les huitièmes de finale et en Ligue 1, on souhaite faire aussi bien ou mieux que la saison dernière (2e) avec un football de qualité qui attire les spectateurs au stade. »

Leonardo Jardim (entraîneur)

Pour le football de qualité qui attire des spectateurs, on repassera, mais après la réduction de voilure du mois d'août 2014 (départ de James au Real et de Falcao à Manchester) dont Jardim n'avait pas encore connaissance au moment d'afficher les ambitions de son club, on ne donnait pas cher du nouveau projet monégasque. À l'arrivée, grâce notamment à un système défensif très hermétique, une 3e place sur le podium, un quart de finale de C1 perdu d'un rien face à la Juventus et une demi-finale de la Coupe de la Ligue (élimination aux tirs au but par Bastia) donnent au tableau saisonnier des couleurs enchantées et inattendues.

CARNET DE NOTES

LYON
15/20

« En priorité, nous voulons obtenir une 19e qualification consécutive pour une Coupe d'Europe. Cet objectif me paraît réaliste. »

Hubert Fournier (entraîneur)

Après un épouvantable début de saison (élimination en barrages de la Ligue Europa et une 13e place en Ligue 1 après 5 journées), Fournier n'était pas très loin de la sortie. Huit mois plus tard, la jeune classe lyonnaise sublimée par les exploits de ses attaquants phares Lacazette et Fekir décrochait une place directe pour la C1 après avoir longtemps tenu tête au PSG. Cela mérite une jolie mention bien, même si l'élimination à Nantes en 16e de finale de Coupe de France fait un peu désordre.

GUINGAMP
14/20

« Depuis quatre ans, on réalise des performances en progression constante. Continuer c'est l'objectif. Quant à la Ligue Europa, on y va pour essayer de faire quelque chose avec nos moyens. »

Bertrand Desplats (président)

Si l'OL, Saint-Étienne et Lille ont rudement buté sur les marches de l'Europe, le petit Guingamp, en revanche, a atteint les 16es de finale où il s'est incliné d'un rien face au Dynamo Kiev. Grâce essentiellement à son duo d'attaque Beauvue-Mandanne (28 buts à eux deux sur les 41 inscrits par le club en Ligue 1 !), l'En Avant a passé une saison sereine, gagnant 6 places par rapport à 2014. La seule véritable déception est venue d'une élimination surprise à Auxerre en demi-finale de Coupe de France.

SAINT-ÉTIENNE
13,5/20

« Nous voulons être européens chaque saison. Il faut donc faire aussi bien que la saison passée (4e). En Ligue Europa, nous voulons nous qualifier pour les poules. Et les Coupes nationales sont un véritable objectif. »

Roland Romeyer (président)

Si les Verts, qui ont atteint leur objectif, ratent de très peu la mention bien, c'est parce que le spectacle qu'ils ont offert n'a pas toujours été à la hauteur des résultats qu'ils ont obtenus. Faiblards en attaque, ils ont tout de même tenu le haut du pavé en Ligue 1 au point de lutter encore pour la 3e place lors de l'ultime journée. Mais s'il n'y a rien à dire des éliminations dans les Coupes nationales, toutes deux face au PSG, on peut regretter la piètre performance lors des matchs de poule de Ligue Europa.

BASTIA
13/20

« Bien évidemment, notre objectif est le maintien, même si on a pour ambition de bien figurer dans ce championnat et qu'on a pris un petit risque en budgétisant la 15e place. Ce serait bien aussi qu'on fasse un beau parcours en Coupes. »

Pierre-Marie Geronimi (président)

S'il a fallu en passer par le limogeage du néophyte entraîneur Claude Makelele pour en arriver là, le fait est que le club corse est allé au-delà de l'objectif à risque fixé par son président. L'arrivée de Ghislain Printant sur le banc a galvanisé une équipe en perdition, qui a fini à la 12e place après avoir atteint la finale de la Coupe de la Ligue. Compte tenu des faibles moyens du Sporting (dernier budget de Ligue 1), les performances réalisées justifient la note accordée.

CAEN
12,5/20

« Je ne vais pas surprendre en disant que l'objectif, c'est le maintien. Je souhaite réussir à installer le club en Ligue 1 plus de deux saisons de suite. Et je rêve d'un beau parcours en Coupes, de préférence en Coupe de la Ligue. »

Jean-François Fortin (président)

Mauvais dernier à la trêve avec 4 points de retard sur Bastia, englué alors dans une sombre affaire de matchs truqués qui allait faire « pschitt », Caen semblait véritablement irrécupérable et condamné à retourner dans cette Ligue 2 qu'il venait tout juste de quitter. Et puis, le miracle s'est produit pour les hommes de Garande dont le parcours retour a frôlé la perfection avec notamment un nul à Paris, une victoire à Marseille et une 13e place à l'arrivée. Largement de quoi faire oublier l'élimination en Coupe de France à domicile contre Dijon.

BORDEAUX
12/20

« Une qualification européenne serait très bien pour l'entrée dans le nouveau stade. Mais ce n'est pas un impératif. »

Willy Sagnol (entraîneur)

Objectif atteint pour le débutant Willy Sagnol, même s'il a fallu pour cela que le PSG remporte les deux Coupes. Après un démarrage parfait, Bordeaux (3e encore après 10 journées) n'a pas toujours maîtrisé son sujet. Mais il a quitté la tête haute le vieux parc Lescure pour entrer fièrement dans son nouveau stade. Et il n'a pas à rougir de ses éliminations en Coupes au Parc face au PSG et à Lille après une séance de tirs au but.

MARSEILLE
11,5/20

« Il faut faire mieux que la saison dernière (6e), ce qui ne me paraît pas très compliqué. Comme tous les ans, l'OM vise une place sur le podium. L'objectif est au minimum d'être 3e. »

Vincent Labrune (président)

Avec son entraîneur inclassable, Marseille est « innotable ». Très clairement, l'objectif n'est pas atteint quand on connaît l'énorme différence entre une 3e et une 4e place. L'automne flamboyant mérite 20/20, l'hiver et le printemps, plus compliqués, tout juste 10/20 et l'élimination d'entrée de jeu à Grenoble (niveau 4) en Coupe de France un gros 0/20. Il n'empêche que derrière ces performances illisibles, la qualité de jeu imposée par Bielsa a souvent régalé les foules. Bref, un Marseille instable fidèle à son image.

MONTPELLIER
11/20

« On veut terminer à une meilleure place que la saison dernière (15e). Je sais que ça ne fait pas rêver de terminer à la 14e place, mais je préfère ça plutôt que de faire sans cesse l'ascenseur. »

Laurent Nicollin (président délégué)

Finalement, c'est de Ligue Europa que le Montpellier de l'atypique Rolland Courbis a fini par rêver en fin de saison après avoir passé l'essentiel du championnat au-dessus de la ligne de flottaison de la 10e place. Cela, en dépit d'un long passage obligé – pour cause d'inondations – sur un terrain de rugby en forme de champ de patates. L'objectif a donc été largement atteint, tout juste terni par une élimination en Coupe de la Ligue à domicile face à l'AC Ajaccio, bien moins reluisante que celle subie en Coupe de France, face au PSG.

RENNES 10/20

« Le premier objectif, c'est le maintien. Après, on regardera où ça peut nous mener. »

Philippe Montanier (entraîneur)

La note la plus neutre pour l'équipe la plus neutre de la Ligue 1 dont l'objectif avait été sous-évalué. Si Rennes n'avait pas participé au championnat, qui s'en serait vraiment rendu compte ? Après une petite pointe jusqu'à la 6e place (15e journée), les Bretons sont retournés dans un fatigant (pour leurs supporters) anonymat dont ils ne sont plus jamais ressortis, constituant presque à eux seuls le ventre mou de la compétition. Parcours moyens également dans les Coupes, malgré une belle performance contre l'OM en Coupe de la Ligue.

LILLE 9,5/20

« En championnat, nous voulons finir dans les cinq premiers pour obtenir une place en Coupe d'Europe. Et il faudra bien figurer en Coupe d'Europe, quelle que soit celle que nous disputerons. »

René Girard (entraîneur)

Sortis par Porto des barrages qualificatifs à la C1, les Lillois ont été reversés en Ligue Europa où ils n'ont pas fait une brillante carrière. En Ligue 1, leur démarrage époustouflant (1er après 5 journées) avait laissé espérer le meilleur. Dix journées plus tard, le LOSC était déjà retombé à une affreuse 14e place. S'il est parvenu à remonter la pente à l'énergie, il a pourtant fini par craquer, restant loin des objectifs annoncés par René Girard qui a payé de sa place un échec patent, à peine atténué par une place en demi-finale de la Coupe de la Ligue.

NANTES 9/20

« On veut pérenniser le club en Ligue 1 et si on peut faire mieux que la saison dernière (13e), on ne s'en privera pas. Les Coupes sont un objectif. On les jouera à fond. »

Michel Der Zakarian (entraîneur)

Au sortir d'un automne réussi, Nantes (7e à la trêve) pouvait encore s'imaginer un avenir européen, en dépit du handicap initial né d'une interdiction de recrutement. La suite fut un peu plus poussive et le classement final décevant (14e avec seulement 29 buts marqués, une misère). Certes, les éliminations en Coupes à Paris et à Lille ne relèvent pas du scandale, mais au bout du compte on peut comprendre l'insatisfaction du président Kita qui a considéré la saison comme un échec.

REIMS 9/20

« L'objectif numéro 1, c'est le maintien, ce qui ne veut pas dire que l'on n'a pas d'ambition puisque l'équipe a été dans les dix premiers quasiment toute la saison passée. »

Jean-Pierre Caillot (président)

Après une première moitié de saison en trompe-l'œil qui a pu laisser croire que l'histoire de la saison précédente (11e) allait se répéter, le Stade de Reims a salement dévissé lors de matchs retour calamiteux, frôlant la descente et ne s'extirpant du fin fond du classement qu'à la suite du remplacement de son entraîneur Jean-Luc Vasseur par son adjoint Olivier Guégan assorti d'un « exploit » face à Évian. L'objectif a été atteint, mais ce fut trop laborieux pour justifier la moyenne. D'autant que l'élimination à domicile par Arles-Avignon en Coupe de la Ligue fait tache.

NICE 9/20

« Nous voulons retrouver la première partie de tableau pour vivre une saison plus sereine au niveau des résultats. »

Jean-Pierre Rivère (président)

En matière de sérénité, l'OGC Nice a eu tout faux. S'il n'a jamais été vraiment concerné par la course au maintien, il a souffert de ses résultats en dents de scie, du comportement souvent violent de ses supporters et du problème Grégoire Puel, fils de l'entraîneur Claude Puel, titulaire régulier pris en grippe non seulement par les fans, mais aussi par le président Rivère. Les deux éliminations dès l'entrée en lice dans les Coupes face à Valenciennes et Metz ont contribué à entretenir un climat délétère autour du club dont la saison n'a pas été une franche réussite en dépit de la 11e place finale.

LORIENT 8,5/20

« On veut assurer le maintien le plus vite possible. Ça fait deux saisons de suite qu'on termine 8es, mais ça ne donne aucune certitude. Et puis on a fait trois demi-finales de Coupes en cinq ans. Ça donne envie d'aller au bout. »

Loïc Féry (président)

La transition de l'après-Gourcuff n'a pas été simple à gérer dans le Morbihan où la 8e place acquise après 5 journées est ensuite très vite devenue un leurre. L'équipe de Sylvain Ripoll a tremblé presque jusqu'au bout pour sa place en Ligue 1 qu'elle aurait peut-être perdue sans le talent de Jordan Ayew. On peut d'autant plus parler de régression que l'élimination en 32e de finale de Coupe de France par Avranches (niveau 3) fut une déception supplémentaire.

LENS 8/20

« Dixièmes ! C'est l'objectif affiché devant la DNCG et le CNOSF. Pour cela, nous devons nous activer. »

Gervais Martel (président)

Impossible d'être trop sévère avec Antoine Kombouaré et ses jeunes pousses lancés dans une véritable galère. Interdit de recrutement, miné par ses problèmes financiers, le club n'aurait jamais dû être autorisé à repartir en Ligue 1, où il a fait de son mieux durant les matchs aller avant de s'effondrer par manque d'effectif et de talent. Mais plutôt que de les accabler, on a surtout envie de plaindre tous ceux qui ont été mêlés à cette triste aventure.

TOULOUSE 7/20

« L'obligation économique est de se maintenir. Après, et c'est le discours du président, on vise entre la 5e et la 15e place. Je rajoute que cette année on a envie de gagner une Coupe. »

Alain Casanova (entraîneur)

D'une certaine façon, avec le maintien (à la 17e place !), l'objectif a été atteint. Mais sans Alain Casanova, remercié à quelques journées de la fin, quand le Téfécé était scotché dans les trois dernières places. Son successeur, Dominique Arribagé, a sauvé l'essentiel, mais son équipe, qui ressemblait à une tour de Babel, a été sans cesse en souffrance. Les deux éliminations dès l'entrée en lice dans les Coupes, les deux fois contre Bordeaux, n'éclairent pas ce triste paysage.

METZ 5/20

« Nous voulons nous maintenir avec un parcours régulier pour que ce ne soit pas in extremis. Si on pouvait faire aussi quelque chose dans l'une des deux Coupes… »

Bernard Serin (président)

Monté de deux divisions en deux saisons, le club lorrain s'est trop vite essoufflé dans la foulée d'un démarrage inespéré qui l'avait mené jusqu'à la 7e place après 10 journées. La suite ne fut que souffrance pour Albert Cartier et ses joueurs, derniers après 25 journées, et trop vite contraints à ne vivre que d'illusions. Si l'esprit était là, la qualité ne le fut pas. En toute logique, Metz, qui n'a pas brillé non plus dans les Coupes, a repris l'ascenseur dans le sens de la descente avec une mauvaise note à la clé.

ÉVIAN 4/20

« On doit faire perdurer le club en Ligue 1 et franchir de nouveaux paliers. Mais il serait déraisonnable de prévoir autre chose que l'objectif très réaliste et très difficile du maintien. Après, on regardera où cela peut nous mener. »

José Lopez (président)

Lanterne rouge après 5 journées, le club savoyard n'est jamais monté plus haut que la 15e place. Miraculé en 2014, il n'a pas pu cette fois-ci échapper au couperet. Parler, c'est bien ; bien jouer, c'est mieux. Dans un club miné par les dissensions internes, le coach Pascal Dupraz a régalé son auditoire médiatique, mais ses joueurs n'ont, eux, régalé personne. Du coup, Évian a coulé et n'a même pas profité des Coupes pour mettre un rayon de soleil dans cette eau froide.

11 avril 2015, Stade de France, Saint-Denis

PARIS SAINT-GERMAIN - SC BASTIA : 4-0

PARIS
L'ADORE CORSÉE

Première levée du triptyque national du PSG, la 20e Coupe de la Ligue est autant entrée dans l'histoire pour la grande performance de Zlatan Ibrahimovic que pour les conflits qu'elle a générés entre les Corses et le président de la Ligue nationale.

Du bonheur d'un côté, de la colère de l'autre. Là où l'on s'attendait à un combat féroce, on a vu une démonstration parisienne facilitée par la décision de l'arbitre, M. Bastien, d'exclure très sévèrement Sébastien Squillaci, auteur d'une faute sur Lavezzi, en même temps qu'il accordait un penalty au PSG transformé par le roi Zlatan (21e).

À 11 contre 10, les Parisiens font cavalier seul. Ibrahimovic met un point final au suspense d'un solide tir du droit des 20 mètres qui trompe le gardien bastiais Areola (41e). Entré à l'heure de jeu, Cavani réussit un doublé en fin de match d'une tête décroisée (80e) puis, propulsé par Ibra, en sortant vainqueur d'un duel avec Areola (90e+2).

Mais, depuis très longtemps, le problème des Corses est ailleurs que sur le terrain. D'une certaine façon, leur finale, ils l'ont disputée à Monaco à l'occasion d'une demi-finale hermétique au bout de laquelle ils ont découragé l'équipe de Jardim (0-0, 7-6 aux t.a.b.).

C'est avant tout une reconnaissance que le peuple corse (15 000 supporters en provenance de l'île de Beauté) vient chercher à Saint-Denis, tandis que Paris, plongé en pleine affaire Ibrahimovic (il vient d'être suspendu pour ses propos d'après-match à Bordeaux), baigne lui aussi dans une forme de paranoïa. « On est dans une situation où personne ne nous aide, mais on attend de l'aide de personne, clame Laurent Blanc. En France, il y a beaucoup de jalousie. On n'aide pas les gens qui réussissent. »

> « Je suis scandalisé par l'absence de protocole. On a manqué d'un grand respect à mes joueurs et ça me fait très mal. »
>
> GHISLAIN PRINTANT

L'ENTRAÎNEUR ET LE PRÉSIDENT SCANDALISÉS

Bref, le contexte est sulfureux. D'abord, les Corses n'ont jamais pardonné au président de la Ligue nationale Frédéric Thiriez de ne pas s'être déplacé trois ans plus tôt pour leur remettre leur trophée de champion de Ligue 2. Ensuite, ils tempêtent contre les sanctions qui ne cessent de s'abattre sur eux à cause des excès de leurs fans. Enfin, ils vivent toujours dans le souvenir du drame de Furiani (18 morts à la suite de l'effondrement d'une tribune le 5 mai 1992) et du refus des autorités de déclarer le 5 mai jour sans football.

Alors, quand Frédéric Thiriez (objet de menaces de mort anonymes), rompant avec le protocole, ne descend pas sur le terrain avant le match pour saluer les acteurs par crainte de se retrouver la main dans le vide, la rage les dévore.

Sans doute n'est-elle pas bonne conseillère, car la rencontre, on l'a vu, sera à sens unique. Les Parisiens, qui conservent leur bien, n'en font pas des caisses. « C'est un trophée. On est là pour gagner », déclare sobrement Laurent Blanc. Paris n'a pas à en avoir honte. Il a dû s'imposer à Saint-Étienne (1-0) puis à Lille (1-0) pour en arriver là.

Côté corse, en revanche, c'est la curée : « L'arbitre a tué le match et gâché la fête », râle l'entraîneur Ghislain Printant avant d'enchaîner : « Je suis scandalisé par l'absence de protocole. On a manqué d'un grand respect à mes joueurs et ça me fait très mal. Si l'on avait sanctionné M. Thiriez chaque fois qu'il a commis une erreur, il y a longtemps qu'il ne serait plus président de la Ligue. »

Et le président Pierre-Marie Geronimi ne contient pas sa colère : « C'est scandaleux. Thiriez doit démissionner. C'est du racisme anti-corse. »

Pendant ce temps, les Parisiens sont passés à autre chose, une double confrontation à venir contre le Barça. Sans oublier que grâce à eux un club vient d'inscrire pour la 5e fois son nom au palmarès de l'épreuve, une grande première.

PSG : à chacun sa coupe, à chacun son drapeau !

30 mai 2015, Stade de France, Saint-Denis

PARIS SAINT-GERMAIN - AUXERRE 1-0

PARIS FAIT LE PLEIN

Au-delà d'une simple Coupe de France que l'actionnaire qatari n'avait encore jamais gagnée, c'est un quadruplé national inédit que le PSG visait contre Auxerre et qu'il a bouclé victorieusement. Même si ce fut sans grand panache.

L'entraîneur d'Auxerre Jean-Luc Vannuchi n'y est pas allé par quatre chemins : « C'est notre finale de Ligue de champions. En Ligue 1, Lille en a pris 6, Guingamp en a pris 6. Ça me paraîtrait assez logique d'en prendre 6. Nous devrons réaliser un exploit mondial. »

Les joueurs de Ligue 2 et leur coach savent comme tout le monde que le PSG, qui court donc après une mainmise absolue sur les trophées nationaux, reste sur 9 succès de rang en Ligue 1 et non des moindres. Ils ressemblent à des victimes expiatoires. La chance au tirage (aucune équipe de L1 sur leur route jusqu'en quart de finale) et un exploit en demi contre Guingamp, le tenant (1-0), leur ont permis d'entrer au Stade de France avec 19 000 de leurs supporters.

Pour en arriver là, Paris a sorti Montpellier, Bordeaux, Nantes, Monaco et Saint-Étienne, rien que ça, et ne compte pas flancher. Laurent Blanc sait que son équipe est archi-favorite. Il tente de modérer les enthousiasmes : « Ce qui est bien dans le foot, et en Coupe de France en particulier, c'est qu'il y a des surprises. À nous d'être sérieux et déterminés. Je pense que mon groupe l'est. »

L'AJA, qui a remporté ses 4 dernières finales de Coupe de France avec Guy Roux aux manettes (1994, 1996, 2003 et 2005), n'évoluera pas flamberge au vent. Vannuchi joue cartes sur table : « Toutes les équipes qui sont allées chercher haut le PSG sont passées au travers. Alors, on va choisir l'autre option. C'est sûr qu'au niveau esthétique, ce ne sera sans doute pas très joli. Paris aura la possession, je vous l'assure. »

« Tout le monde pense qu'on va prendre une valise, ajoute le capitaine Sébastien Puygrenier. C'est un peu blessant. On n'est pas du tout dans cet état d'esprit-là. »

LAURENT BLANC : « LES DEUX ÉQUIPES PEUVENT ÊTRE CONTENTES »

Avec Ibrahimovic de retour de blessure, et qui va totalement rater sa finale, mais sans Pastore suspendu, Paris dirige effectivement le jeu (75 % de possession de balle). Les Auxerrois ne font que défendre, misant sur un coup de pied arrêté pour créer la surprise. À ce pauvre jeu, la partie manque évidemment d'allure. Il faut une

Paris : une joie XXL.

superbe tête de Cavani sur un centre de Van der Wiel (64e) pour créer l'écart. Thiago Motta a tiré sur le poteau (41e) et Nabab l'Auxerrois va trop décroiser une tête (88e). Pour le reste, circulez, il n'y a pas eu grand-chose à voir. Paris remporte en petit bras sa 9e Coupe de France et n'est plus qu'à une longueur de l'OM, recordman du genre.

Finalement, le meilleur du spectacle est encore le tour d'honneur que les Parisiens effectuent avec leurs quatre trophées.

Les Bourguignons, qui ont donc évité la valise, font bonne figure. « On ne peut pas dire qu'on a des regrets, dit Puygrenier. Quand on voit leur qualité… » « Il y avait une différence de niveau flagrante entre les deux équipes », confirme le milieu Rémi Mulumba.

Côté Paris, c'est Blaise Matuidi qui fait la synthèse : « On a fait une grande saison. Notre bilan est exceptionnel. On a eu des regrets en C1, mais on est tombés sur un ogre. »

« Les deux équipes peuvent être contentes, conclut Laurent Blanc, même s'il y en a une qui est plus contente que l'autre. » En deux saisons à Paris, Blanc a remporté 7 des 8 compétitions nationales (il manque la Coupe de France 2014) disputées par son équipe. Qui dit mieux ?

« C'est notre finale de Ligue de champions. En Ligue 1, Lille en a pris 6, Guingamp en a pris 6. Ça me paraîtrait assez logique d'en prendre 6. Nous devrons réaliser un exploit mondial. »

JEAN-LUC VANNUCHI

EUROPE
Coupes et championnats

6 juin 2015, Olympiastadion, Berlin

FC BARCELONE - JUVENTUS TURIN : 3-1

BERLIN, CAPITALE CATALANE

Un match très intense débouche sur un quatrième succès de Barcelone en Ligue des champions en dix ans.

Il y a dans l'air de Berlin, en ce samedi 6 juin, un parfum d'attente étonnant. Barcelone s'avance comme grandissime favori de la finale de la Ligue des champions, mais la curiosité concerne la capacité de la Juventus Turin à créer la sensation. « Le Barça est favori parce qu'une équipe qui compte dans ses rangs Lionel Messi, Luis Suarez, Neymar et Iniesta ne peut qu'être favorite, résume le gardien Gianluigi Buffon. Mais je ne serais pas non plus surpris de gagner la Ligue des champions avant la fin de ma carrière, car je travaille dur pour ça ! »

Autrement dit, les Italiens sont conscients de la difficulté qui les attend, mais se souviennent, pour certains (Pirlo, Buffon, Barzagli), avoir été sacrés champions du monde, neuf années plus tôt dans ce même stade olympique allemand, et donc n'abdiquent pas d'avance. « Je ne pense qu'à gagner cette finale et si beaucoup d'années ont passé, le souvenir de la finale du Mondial 2006 reste intact et j'aimerais revivre les mêmes émotions cette fois encore. »

Oui, la tâche s'annonce ardue, car Barcelone est l'équipe la plus constante des dix dernières saisons. Elle a remporté trois de ses quatre couronnes européennes lors des dix dernières éditions de la Ligue des champions (2006, 2009, 2011), émergeant dans le peloton des géants du continent en ce début de siècle,

> « J'ai bien regardé la Coupe et je ferai tout pour la gagner dans le futur. Cette défaite fait mal, car on pouvait gagner le match, mais Barcelone avait quelque chose en plus, quelque chose qui nous manquait et la victoire est méritée. »
>
> PAUL POGBA

Et soudain, Rakitic !

prenant place en quelques années seulement aux côtés du Real, du Milan, du Bayern et de Liverpool, qui ont bâti leur réputation et leur empire sur des décennies dont les racines s'écrivent en noir et blanc.

Injouable en finale, le Barça affronte une équipe qui, elle, n'a remporté aucune de celles qu'elle a disputées depuis près de vingt ans ; 1997 (face à Dortmund), 1998 (face au Real), 2003 (face au Milan AC) sont des échecs pour la Juventus qui se retrouve là par inadvertance, mais n'a rien volé tant son parcours est exemplaire : Dortmund balayé, Monaco écarté, le Real Madrid broyé. D'où l'idée que, s'appuyant sur sa tradition défensive, sa rigueur et son respect de valeurs ancestrales, la Juventus peut ennuyer cette équipe barcelonaise, présentée sans doute trop comme son contraire car il serait injuste d'oublier combien Luis Enrique lui a donné une assise défensive solide.

EVRA, TOUJOURS PAS !

Cette 60e finale de Ligue des champions semble pourtant basculer très, très vite. À peine quatre minutes de jeu et une passe magique d'Iniesta dans la surface permet à Rakitic d'ouvrir le score (4e, 1-0). Pendant les vingt minutes suivantes, la Juventus semble asphyxiée. Mais elle tient jusqu'au repos et va même semer le doute. Une frappe de Carlos Tévez, relâchée par le gardien allemand Ter-Stegen, et Morata surgit pour égaliser (55e, 1-1). Dès lors, la partie s'équilibre et l'ombre d'un doute passe au-dessus des rangs barcelonais. Jusqu'à la 69e minute et un ballon repoussé par Gianluigi Buffon dans les pieds de Suarez qui redonne l'avantage aux Catalans (69e, 2-1). Neymar ajoutera un dernier but dans le temps additionnel (90e + 4, 3-1), donnant davantage d'ampleur au succès barcelonais.

Pour l'anecdote, le défenseur français de la Juventus, Patrice Evra, devient alors le premier joueur de l'histoire à perdre quatre finales de Ligue des champions (il en avait perdu une avec Monaco et deux avec Manchester United). Son coéquipier français, Paul Pogba, lui, affirme : « J'ai bien regardé la Coupe et je ferai tout pour la gagner dans le futur. Cette défaite fait mal, car on pouvait gagner le match, mais Barcelone avait quelque chose en plus, quelque chose qui nous manquait et la victoire est méritée. » « Ce groupe est unique », relève simplement Luis Enrique, avant d'avouer que son avenir en Catalogne « n'est pas clair ». Étrange aveu d'un technicien qui aura tout gagné avec Barcelone, après une saison totalement blanche, mais qui peine à convaincre ses dirigeants de lui confier le club sur le moyen terme… « La saison a été compliquée », commente-t-il simplement. Comme si ce triomphe berlinois ne suffisait pas à effacer des mois de bagarres larvées dans les couloirs du club autour de clans qui s'y disputent le pouvoir. Étrange.

LA TORNADE CATALANE

En balayant le Bayern à Munich, Barcelone marque de son empreinte la demi-finale que tout le monde attendait.

Les roulements de tambour accompagnent, depuis le tirage au sort, la perspective de cette demi-finale. Barcelone-Bayern Munich, c'est le choc des deux équipes les plus impressionnantes des 5 dernières saisons, c'est le retour de Pep Guardiola en Catalogne, c'est un chassé-croisé entre champions du monde espagnols de 2010 et champions du monde allemands de 2014, l'occasion aussi pour les Argentins Messi et Mascherano de retrouver des adversaires qui les ont martyrisés en finale de la Coupe du monde un peu moins d'un an plus tôt à Rio de Janeiro.

Bref, il y a dans cette demi-finale un parfum magique, du soufre et du respect, du talent et de la tension, de l'histoire, mais aussi du présent, du bien présent même, puisque les deux clubs représentent une philosophie de jeu très catalane, où la possession du ballon est déterminante et où ce qui compte, c'est son projet, ses envies et ses convictions bien davantage que ce que l'adversaire peut proposer. Il n'est donc pas prévu d'opposition de style, ce qui est assez rare à ce niveau de la Ligue des champions, et ce qui détonne, d'ailleurs, par rapporte à l'autre demi-finale, mettant aux prises le Real Madrid à la Juventus Turin.

Une fois dit cela, quelle impression prédomine avant le choc attendu par l'Europe entière ? Barcelone, qui a débuté doucement sa saison, a changé de braquet et arrivé lancé. Très vite. Le Bayern, qui a démarré très vite au cœur de l'automne, qui a renversé l'insolent Porto en quart de finale (1-3, 6-1), se promène sur le continent tel un trompe-l'œil. Franck Ribéry y est un fantôme souvent blessé, Arjen Robben, blessé, y laisse un trou béant. Et la défense, parlons de cette défense qui interloque. Elle ne présente aucune garantie de solidité et serait quasiment une anomalie à ce haut niveau-là. Surtout privé de son bijou autrichien Alaba et de Badstuber, un des rares centraux bavarois à ne pas avoir le pied carré. « Vous ne m'avez jamais entendu dire, ni avant ni maintenant, que si on ne gagnait pas, c'était à cause des absents », prévient toutefois Pep Guardiola.

« Quand il a voulu accélérer, faire la différence, bref, quand ç'a été le moment, il l'a fait !

MEHDI BENATIA

L'instant Messi.

De retour dans une enceinte où il est adulé, il croit longtemps jouer un mauvais tour à son club de toujours. Le Bayern tient le choc, donne même l'impression de pouvoir marquer, créer la sensation dès l'aller dans ce Camp Nou. Et puis Messi s'éveille. Il reste moins d'un quart d'heure quand l'Argentin ouvre le score (77ᵉ, 1-0). Et trois minutes plus tard, servi par Rakitic, il efface Boateng d'un dribble écœurant avant de tromper Manuel Neuer d'un ballon piqué magistral. En moins de cinq minutes, le quadruple Ballon d'or a renversé les Bavarois et transformé le visage de toute cette demi-finale. Sa passe pour Neymar, dans les arrêts de jeu (90ᵉ+4, 3-0), permet de parachever l'œuvre de destruction totale du Bayern. « Quand il a voulu accélérer, faire la différence, bref, quand ç'a été le moment, il l'a fait ! » soufflait Mehdi Benatia à propos de l'Argentin.

TOUT ÉTAIT JOUÉ D'AVANCE

Comment rêver de changer les choses au retour, une semaine après ? « Cela ne sera pas facile, mais on peut gagner 4-0, rétorque Benatia. Il faudra faire le match parfait. » Le Bayern y croira quelques instants, menant 1-0 à la 7ᵉ (but de Benatia). Mais l'égalisation de Neymar (15ᵉ, 1-1) douche les fous espoirs allemands. Au final, c'est sympa et joli, et le Bayern montre qu'il est un grand club en s'imposant (3-2), mais le Barça file comme prévu vers la finale de Berlin. « C'est à l'aller que ça s'est joué, dit Philipp Lahm. Ce soir, nous avons été plus présents et nous sortons la tête haute avec l'idée de repartir à l'assaut du trophée la saison prochaine. » « Nous méritons d'atteindre cette finale de Ligue des champions, enchaîne Luis Enrique, l'entraîneur du Barça. Nous avons eu cette saison une route difficile, semée d'embûches avec à chaque tour des adversaires coriaces champions de leur pays (Manchester City, Paris, Bayern Munich). » Reste le quatrième champion d'un pays majeur : la Juventus, qui attend en finale le grandissime favori catalan.

« C'est à l'aller que ça s'est joué. Ce soir, nous avons été plus présents et nous sortons la tête haute avec l'idée de repartir à l'assaut du trophée la saison prochaine.

PHILIPP LAHM

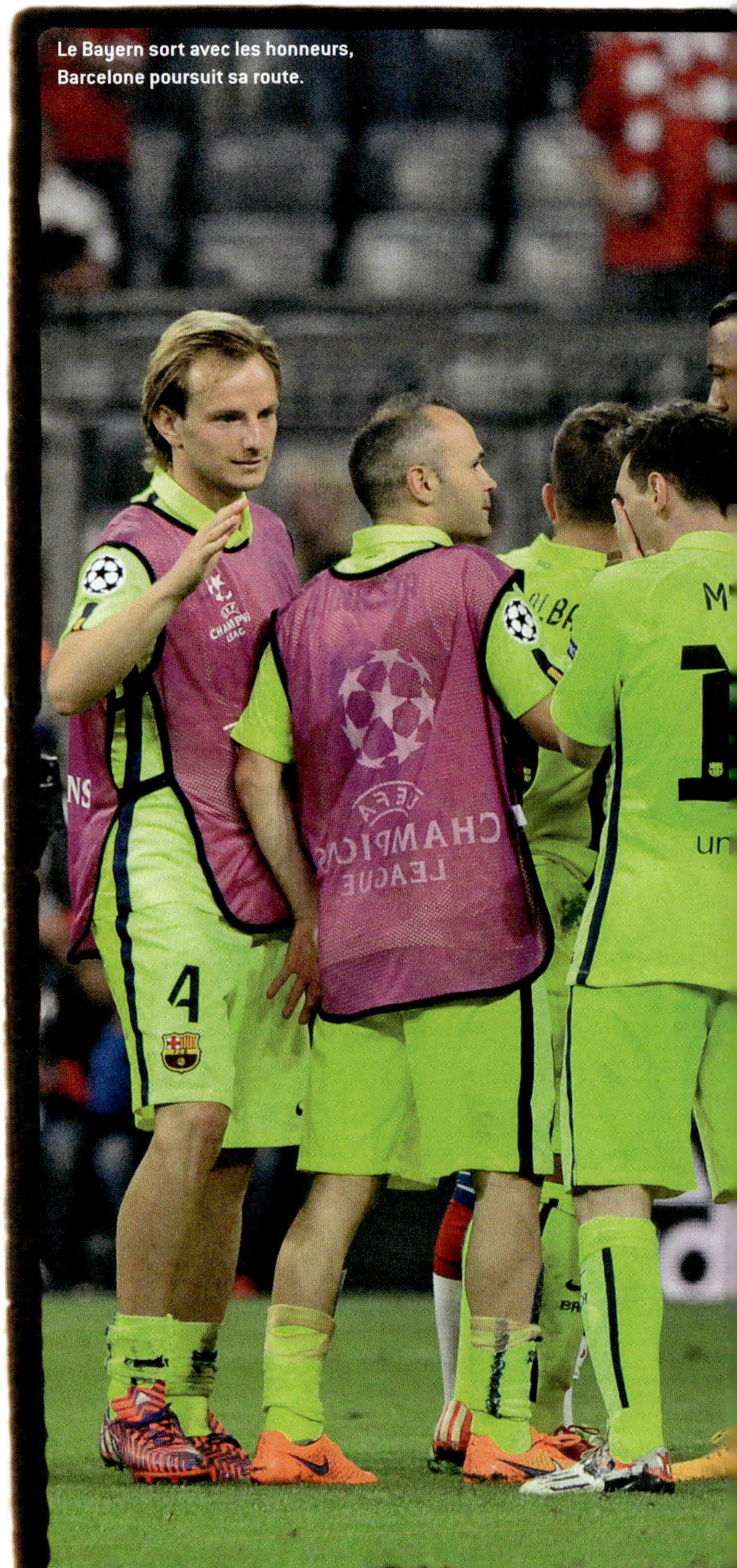

Le Bayern sort avec les honneurs, Barcelone poursuit sa route.

GÖTZE
19
20

LA VIEILLE DAME MORD ENCORE

Sensation en demi-finale avec l'élimination du Real Madrid par la rigoureuse Juventus.

Le Real Madrid est là où on l'attendait. Demi-finaliste, le tenant du titre de la Ligue des champions est lancé dans une course pour sauver sa saison. Le championnat d'Espagne mal embarqué, car soudainement en bascule en faveur du FC Barcelone, voici le grand Real en stress : si la Ligue des champions n'est pas au bout du chemin, à Berlin, ce sera la mini-crise assurée. Tout au moins, la soupe à la grimace.

On n'en est pas encore là tandis que se profile cette demi-finale au parfum de nostalgie. Le Real y affronte la Juventus Turin et, selon la génération à laquelle on appartient, c'est un nom qui résonne différemment. La Juventus n'a plus fréquenté un dernier carré de si haut niveau depuis 2003. C'est aussi l'année de sa dernière finale. Une anecdote au regard de l'histoire du XXIe siècle. Et tout est dans cette perspective historique. Pour celui ou celle qui est né au tournant des années 2000, la Juventus est une Vieille Dame… surtout vieille. Pour les autres, c'est une mamie dangereuse dont le dernier sacre remonte à 1996, certes, mais qui incarne des valeurs très italiennes qui ne sont pas uniquement caricaturales. La Juventus, c'est le club des Agnelli, donc de la Fiat, donc de Ferrari, donc d'un mythe. La Juventus, c'est le club de Gaetano Scirea, Paolo Rossi, Fabio Capello, Dino Zoff. Des noms comme des légendes de la Squadra Azzurra. La Juventus, c'est le club de Michel Platini. Trois fois Ballon d'or sous les couleurs blanc et noir dans les années 1980. Ce qui en fit, à l'époque, l'égal de Johan Cruyff à ce palmarès individuel. La Juventus, c'est aussi Didier Deschamps, qui en fut capitaine et entraîneur, mais aussi Zinedine Zidane et David Trezeguet. Bref, ce n'est pas n'importe quoi. Comme disent les Allemands, *Traditionsverein*, club de tradition. Traduisez : à respecter, car jamais vraiment mort.

Alors, oui, bien sûr, la Juventus, triple championne d'Italie en titre, symbolise aussi le déclin de la Serie A depuis dix ans. Fini les stars qui défilaient de l'autre côté des Alpes, l'Italie est un second marché, qui passe après l'Espagne et l'Angleterre, après le Bayern

« Le Real est une équipe d'immense qualité à laquelle nous avons concédé peu d'occasions et j'aurais signé pour un succès et un match retour à Madrid avec un but d'avance. »

MASSIMILIANO ALLEGRI

Morata pousse Pepe
vers la sortie.

Morata : formé au club…

et même Dortmund, et évidemment après le Paris SG et Monaco. Dur à vivre pour le fan de Calcio qui se souvient combien Milan, la Juve ou l'Inter étaient devenues des terreurs de fin de xxe siècle. Dur d'imaginer une équipe italienne succéder rapidement à l'Inter, vainqueur de la Ligue des champions en 2010. Dur de penser que la Juventus, privée de sa star montante, le Français Paul Pogba, puisse renverser l'armada du Real Madrid. Seules les statistiques jettent une ombre sur l'ambition madrilène : aucune équipe, depuis le Milan AC en 1990, n'est parvenue à conserver son titre européen. Un quart de siècle plus tard, le Real en rêve et il semble très bien parti pour, a minima, disputer la finale.

LA JUVENTUS TIENT BON ET PASSE !

En effet, il quitte le Piémont battu, mais avec ce que les commentateurs appellent le fameux « précieux » but à l'extérieur. Marqué par Cristiano Ronaldo, à la demi-heure de jeu, alors que la Juventus, par l'Espagnol Morata, était parvenue à ouvrir le score dès les premiers instants de la partie (8e, 1-0). Finalement, l'Argentin Carlos Tévez, sur penalty, donnera la victoire à la Juventus Turin (57e, 2-1). Inattendu, mais selon l'entraîneur de la Juve, Massimiliano Allegri, « mérité » : « Réussir un match de ce niveau n'était pas simple. Le Real est une équipe d'immense qualité à laquelle nous avons concédé peu d'occasions et j'aurais signé pour un succès et un match retour à Madrid avec un but d'avance. »

Là-bas, la déferlante est attendue. Ce Real-là, chez lui, sera une succession de vagues épuisantes pour la défense turinoise. Un penalty de Ronaldo (23e, 1-0) et les Merengue sont en finale. Mais encore une fois, Morata marque. Une passe de Pogba et voici l'Espagnol qui égalise peu avant la dernière demi-heure (57e, 1-1). Cela fait peu de temps pour les dernières vagues d'autant que la défense de la Juventus est fidèle à sa légende. Héroïque, intelligente, rigoureuse, précise. Ça coince pour Madrid, ça sent le pâté, même. Et hop, voilà la Juventus qui passe. Surprise et stupeur. Un petit instant d'éternité et un hommage, aussi, à cette Vieille Dame qui ne perd jamais l'occasion de mettre un coup de dents à n'importe qui. « Au repos, j'ai dit aux joueurs de rester sereins, tranquilles, raconte Allegri. Si on jouait un peu mieux, les occasions allaient arriver, car ils avaient un peu de mal au milieu. »

Cette défaite scelle le sort de Carlo Ancelotti sur le banc madrilène. Ses dirigeants cherchent son successeur en… Italie. Rafael Benitez, coach de Naples, est amené à le remplacer. Comme quoi, la Serie A, en quelques heures, est redevenue à la mode.

Buffon et Vidal,
comme dans un rêve.

PARIS BOMBE LE TORSE

Gonflé d'ambitions, Paris démarre la Ligue des champions dans la même poule que Barcelone. L'occasion de se mesurer, sur la durée, à un des grands favoris du moment...

L'histoire recommence. Racontée, une fois encore, par tous les troubadours qui aiment à chanter les louanges du grand Paris et annoncer, tels les meilleurs oracles, que cette année sera la bonne. Paris Saint-Germain porte en lui l'ambition que ses dirigeants ont injectée depuis plus de deux ans avec beaucoup d'argent. Et s'il a échoué deux fois en quarts de finale de la Ligue des champions, c'est qu'il était alors trop tendre pour résister au grand Barcelone, en 2013, et pas encore assez dur pour résister au gigantesque Chelsea l'année suivante. Alors, cette fois, avec cette expérience accumulée, avec ces désillusions qui sont autant des médailles du travail que des pendentifs de saint Christophe, Paris s'apprête à voyager en Europe lourdement chargé.

Paris veut cette Ligue des champions que les investisseurs qataris rêvent d'exposer dans leur armoire à trophée. Ils ont d'ailleurs donné trois années au club pour y parvenir ; c'est donc la saison ou jamais. Paris est persuadé qu'il n'a rien à envier à ceux qui, chaque printemps, rôdent autour des quarts et des demi-finales avec une régularité insolente. Après tout, il y a dans l'effectif parisien des stars, des noms et des salaires que le Bayern Munich ne semble pas aligner. Après tout, Barcelone et le Real, qui, comme chaque année, s'avancent en favoris, ne sont pas invincibles. Après tout, Manchester United n'est pas qualifié et, après tout, les équipes italiennes ont tellement subi la crise qu'elles ne semblent plus en mesure de croire sérieusement au titre.

PARIS A LE DROIT ABSOLU AU RÊVE

Paris a donc le droit absolu de s'y voir, d'autant que, des quatre coins du continent, les compliments affluent. C'est certain, Paris est un candidat très sérieux. En réalité, il n'a absolument rien démontré au plus haut niveau depuis plus de quinze ans et son inexpérience s'exprime parfaitement dans cette façon naïve de goûter aux louanges de Barcelone, du Bayern ou de Chelsea. Autant de gentillesses qui sont des somnifères ne rimant qu'avec outsider. Car la voilà, la réalité parisienne : derrière le Real, le Bayern, Barcelone, des monstres sportivement incontestables,

> « Nicosie, ce sont des joueurs disciplinés et courageux.
>
> LAURENT BLANC

Et Marquinhos sauve le PSG !

structurés depuis des années pour grimper au sommet de la pyramide, il existe un peloton dense et hétéroclite auquel appartiennent les Parisiens. Au même titre que Manchester City, Dortmund, Chelsea ou la Juve. Dès lors, les quarts de finale semblent un objectif sérieux. Davantage, c'est du rêve. Ou de l'illusion.

Les Parisiens en sauront davantage rapidement puisque le tirage au sort les a placés dans le groupe de Barcelone. Avant de recevoir les Catalans au Parc des Princes, ils entament leur campagne aux Pays-Bas, face à l'Ajax Amsterdam, « qui reste connu pour son style offensif », explique Gregory van der Wiel, un ancien de ce club, quatre fois vainqueur de la C1. Cavani ouvre le score (14e), mais le Danois Schöne permet aux Néerlandais de revenir en fin de rencontre (1-1).

Du coup, le deuxième match, face au Barça, est déjà capital pour les Parisiens. Ils infligent au FC Barcelone sa première défaite en Coupe d'Europe contre un club français depuis 1995. Vingt ans plus tôt, c'était… le Paris SG qui avait sorti le Barça en quart de finale de la Ligue des champions. Cette fois, des buts de David Luiz, Verratti et Matuidi propulsent le PSG vers le succès (3-2). Une sacrée performance qui tranche avec le début de saison parfois poussif des Parisiens. « Les équipes qui affrontent Paris en Ligue 1 se transcendent et c'est pareil pour nous contre Barcelone en Coupe d'Europe », résume Blaise Matuidi. « On a montré plus d'agressivité que lors de nos matchs de championnat », constate Salvatore Sirigu. « C'est vrai qu'avec l'odeur de la C1 et la venue du Barça, tu es plus motivé », reconnaît l'entraîneur Laurent Blanc.

BARCELONE FAIT SA LOI

Voici désormais les Parisiens lancés dans une double confrontation avec les Chypriotes de l'Apoel Nicosie qui doivent renforcer leur position au classement. « Nicosie, ce sont des joueurs disciplinés et courageux », prévient Blanc. Un but tardif de Cavani (1-0, 87e) démontre combien il avait raison. « Des victoires in extremis comme celle-ci, elles sont agréables si c'est toi qui les remporte, dit Blanc. On n'est pas naïfs au point de penser que le Paris SG a fait un très grand match. » Le retour, à Paris, propose un scénario inverse. Cavani marque encore, mais cette fois dès la première minute. « On aurait mérité de l'emporter plus largement », estime Laurent Blanc, satisfait toutefois que cette victoire assure la qualification de son équipe pour les 8es de finale. « Essayons de garder la première place maintenant », annonce l'entraîneur parisien.

Paris, qui compte 1 point d'avance sur Barcelone, le garde à l'issue de la 5e journée. En dominant difficilement l'Ajax (3-1) avec 2 buts de Zlatan Ibrahimovic (78e) et Cavani (83e) dans le dernier quart d'heure. Un nul à Barcelone suffirait donc à Paris pour conserver sa position, mais c'est plus simple à conceptualiser qu'à faire. Si Ibrahimovic ouvre le score (15e), le Camp Nou est réveillé par Messi (19e), puis rassuré avant le repos par Neymar (41e, 2-1). Le troisième larron de l'attaque catalane, Luis Suarez, confirme la domination de Barcelone (3-1). « Je ne crois pas que nous ayons été bons, souffle Ibrahimovic. Mais on est qualifiés et c'est déjà ça. » Qualifié et, finalement, remis à sa place, la deuxième derrière Barcelone.

EN TERRAIN connu

Le groupe du Paris SG ressemble à un carrefour de l'histoire du football. Parce que le FC Barcelone et l'Ajax Amsterdam sont des monuments du jeu, mais aussi en raison de l'identité et du parcours de ceux qui siègent sur les bancs des entraîneurs. En effet, Luis Enrique a évolué comme joueur au Barça avec Frank de Boer et Laurent Blanc. Le même Laurent Blanc qui a succédé à Jaap Stam, un des adjoints de Frank de Boer, comme défenseur central de Manchester United. L'autre adjoint de Frank de Boer, Dennis Bergkamp, fut, avant Thierry Henry, le grand attaquant d'Arsenal à la fin des années 1990, au XXe siècle…

Lucas-Ibra-Cavani : trio de choc.

8e DE FINALE
17 février et 11 mars 2015
CHELSEA FC

1/4 DE FINALE
14 et 21 avril 2015
FC BARCELONE

PSG HÉROÏQUE PUIS CLASSIQUE

Magnifiques pour créer l'exploit face à Chelsea, les Parisiens sont balayés sans suspense par Barcelone en quart de finale.

Est-on trop impatient avec le Paris SG ? Ou bien le Paris SG est-il trop pressé, suscitant lui-même une ferveur démesurée autour de son parcours en Ligue des champions ? Difficile de définir qui est l'œuf et qui est la poule, mais il est certain que la perspective des phases finales provoque autour de Paris une effervescence que l'automne n'égale jamais. Paris au rendez-vous des 8es de finale, c'est devenu normal. Chacun attend plus et puisque les dirigeants du club espéraient remporter la Ligue des champions avant 2016, cela répond à une certaine logique.

Sauf que Paris n'a aucune marge sur personne et qu'il ne saurait prétendre appartenir au cercle des très grands. Du coup, lorsque le tirage au sort lui propose de retrouver Chelsea en 8e de finale, comme en 2014, il y a de quoi se faire du souci. Parce que les Parisiens restent sur un échec cuisant (1-3, 2-0), mais aussi, et surtout, parce que Chelsea est le leader du championnat d'Angleterre, et du coup, un des sérieux rivaux du Real, du Barça et du Bayern. Diminué par les blessures de Thiago Motta, Serge Aurier, Lucas et Yohan Cabaye, le Paris SG reçoit pourtant un José Mourinho qui se la joue modeste, histoire d'endormir la méfiance de son adversaire. « En 2014, tout s'était décidé dans les dernières minutes, se souvient le manager portugais. Nous n'étions pas meilleurs que le Paris SG, mais nous avions marqué au Parc des Princes… Paris est la même équipe que l'an dernier, avec le même entraîneur, les mêmes joueurs et David Luiz en plus : cela peut être un avantage en termes de stabilité. Nous, nous possédons une nouvelle identité de jeu et je ne dis pas que nous serons plus forts. »

> « Ne parlez pas de l'accumulation des matchs à un entraîneur en Angleterre : nous avons joué cinq fois en dix jours à Noël pendant que les Français étaient en vacances ! »
>
> JOSÉ MOURINHO

Monumental coup de tête
de Thiago Silva :
un instant magique.

David Luiz remet Paris dans la course.

Peu offensif, le « Special One ». Cela en serait suspect. Heureusement, au moment d'évoquer l'élimination des Blues par Bradford (D3), ce qui allège sérieusement le calendrier de son équipe, il se réveille : « Une élimination, c'est un problème, jamais une solution. Et ne parlez pas de l'accumulation des matchs à un entraîneur en Angleterre : nous avons joué cinq fois en dix jours à Noël pendant que les Français étaient en vacances ! » Il n'y a pas de congés sur le terrain de la Ligue des champions où Chelsea ne se repose pas beaucoup. Ivanovic ouvre le score (36e, 0-1) et glace le Parc qui replonge dans son cauchemar du passé. L'égalisation de Cavani (54e, 1-1) panse quelques plaies, ravive un espoir léger, mais reste insuffisante pour imaginer autre chose qu'un retentissant exploit à Stamford Bridge. « Par rapport au retour, ce n'est pas un score favorable, reconnaît Laurent Blanc. Ce sera très compliqué, mais je suis extrêmement content de mon équipe et de son état d'esprit. C'est quasiment le match qu'on voulait faire. Le "quasiment", c'est ce but encaissé… »

LE MIRACLE DE STAMFORD BRIDGE

Le technicien français avait choisi de lancer David Luiz au milieu de terrain pour la première fois de la saison. Cela a été assez efficace, Diego Costa ayant notamment été transparent et très gêné par l'impact de l'ancien de Chelsea. « On aurait pu mettre Verratti, mais dans l'optique de mettre de l'impact, ce n'était pas le mieux. On avait prévu d'être solides et on l'a été et David a amené cette agressivité, cette rigueur. » Si Laurent Blanc aurait préféré « gagner 3-1 », la performance de son équipe n'a pas échappé à son adversaire. « Je ne m'attendais pas à gagner 3-0 ici, dit Eden Hazard, mais il faudra mieux jouer au retour. On est plus forts à Stamford Bridge. »

Plus forts et sans doute plus méfiants. D'ailleurs, la veille du match, José Mourinho dégaine vite et fort. « J'ai été surpris par Paris à l'aller, raconte-t-il. Une équipe qui a des joueurs fantastiques est celle qui fait le plus de fautes, stoppe irrégulièrement Hazard tout le temps, celle qui a attaqué le porteur du ballon avec des actions très agressives. Je m'attendais à un autre football… » Et hop, la petite pique en même temps que le coup de pression sur l'arbitre.

La roublardise de Mourinho va fonctionner. Pour avoir trop énergiquement balancé Oscar sur un tacle, Zlatan Ibrahimovic est expulsé à la 31e minute. Comment marquer un but en infériorité numérique à Stamford Bridge ? Le défi est de taille. Et lorsque Cahill ouvre le score en fin de partie, il devient impossible (81e, 1-0). Mais miracle no 1 : David Luiz égalise juste avant la fin du temps réglementaire (86e). La prolongation s'annonce brûlante, mais une main de Thiago Silva offre un penalty aux Blues

Messi assomme Paris.

que Hazard ne manque pas (96e, 2-1). Mais miracle n° 2 : corner de Thiago Motta, tête de Thiago Silva (2-2, 114e). Règle des buts marqués à l'extérieur : Paris qualifié.

Hallucinant et inattendu, mais très mérité. « On a été énormes », s'éclate David Luiz. José Mourinho ne le contredit pas, mais ratatine son équipe méticuleusement : « Paris mérite de gagner. Quand une équipe concède deux buts sur corner, qu'elle ne sait pas défendre sur ces actions, qu'elle joue à domicile, qu'elle n'est pas capable de gérer la pression avec un joueur de plus, elle ne mérite pas de gagner. »

La « grosse performance » (Blanc) que Paris espérait en Coupe d'Europe est arrivée, mais comme le souligne l'entraîneur, « on n'a encore rien fait ». Pour cela, il faudrait passer l'obstacle barcelonais en quart… Cruel tirage qui remet les Catalans sur la route parisienne, comme en 2013. D'autant qu'après un début de saison difficile, Barcelone semble en phase ascendante et Paris décimé (Motta blessé, Aurier, Ibrahimovic, Verratti suspendus). Du coup, la gifle reçue à domicile (3-1, Neymar et doublé de Suarez) n'est presque pas surprenante et anesthésie toute idée de suspense au retour où Paris s'incline 0-2 (doublé de Neymar). Encore éliminé en quart de finale, Paris est frustré, mais Laurent Blanc, en guise de conclusion, répond à la question initiale : « Il faut être patient. Paris y arrivera, mais il ne suffit pas d'avoir des moyens, il faut aussi du temps ! »

LA REVANCHE DE MONACO

Peu considérée car diminuée avant son entrée en Ligue des champions, l'ASM réussit un parcours exemplaire, terminant même première de sa poule.

L'AS Monaco y est. Là où elle s'imaginait, là où elle se rêvait lorsqu'elle recruta, un an plus tôt, le Colombien Radamel Falcao, alors considéré comme un des quatre meilleurs attaquants du monde. L'AS Monaco retrouve la Ligue des champions, dix saisons après l'avoir quittée, un peu plus de dix ans après en avoir disputé la finale, à Gelsenkirchen, face au FC Porto de José Mourinho. Depuis, le club de la Principauté a connu la Ligue 2 et la reprise par un actionnaire russe souhaitant en faire une place forte du football français et européen. Il a aussi connu le racket organisé par les autres clubs du championnat de France. Puisque la fiscalité monégasque est différente, plus avantageuse, il leur a semblé juste de réclamer une dîme à l'ASM sous peine d'exclusion. Cela a marché : 50 millions ont été versés. Ahurissant, en fait, tant il est davantage question de jalousie, d'envie et de médiocrité que d'équité sportive au sujet d'un club historique de notre championnat.

Malgré tout cela, l'AS Monaco y est donc. Sans Falcao, parti en prêt à Manchester United. Sans James Rodriguez, transféré au Real Madrid dans la foulée d'une superbe Coupe du monde. L'effectif monégasque, en ce début de saison 2014-2015, est sacrément rabioté. Moins d'argent, le fair-play financier qui empêche la folie des grandeurs, mais, surtout, un changement de stratégie de la part des propriétaires du club, expliqué ainsi par le vice-président Vadim Vasilyev : « Le fair-play financier nous a beaucoup gênés, mais nous a permis de passer à un modèle économique plus sain. On va moins s'appuyer sur des stars, mais sur des jeunes issus de notre centre de formation et d'ailleurs. C'est notre projet. »

À l'entame de la Ligue des champions face à Leverkusen, le projet est mis en doute pourtant. Monaco est avant-dernier de Ligue 1 et affronte le leader de la Bundesliga, le Bayer Leverkusen. Les Allemands viennent d'inscrire 22 buts en 6 matchs. De quoi effrayer et pourtant, un but de Moutinho (61e) offre un premier

> « C'est comme ça. L'équipe joue mieux en C1... : l'étoile sur le ballon, la musique, les poils se dressent sur les bras. Y'a rien à faire.
>
> DANIJEL SUBASIC

Ferreira Carrasco,
la jeune garde monégasque
en action.

Kurzawa et Kondogbia : spécial K.

Abdennour, un but qui pèse lourd.

succès inattendu aux Monégasques. « Ça donne de la confiance », admet l'entraîneur, Leonardo Jardim, dont l'équipe a souffert toute la première période, ce qui laisse « un goût amer » à Roger Schmidt, son homologue allemand. « On a mérité de gagner en deuxième période, estime Jérémy Toulalan. On est mieux sur la fin physiquement, on a été plus réalistes qu'eux... » Partageant la tête de la poule avec les Russes du Zenith Saint-Pétersbourg, vainqueurs à Benfica (2-1), les Monégasques réalisent plutôt une bonne affaire en ramenant un nul sans but de Russie, lors de la deuxième journée. On se demande même si Monaco ne va pas devenir le spécialiste du match sans but lorsqu'il refait le coup face à Benfica. « Mais on a fait un bon match et quand on a commencé cette compétition, nous étions sans doute l'équipe la moins reconnue en Europe, plaide Jardim. Là, on a fait énormément de progrès. » L'ASM marque peu, mais se montre souvent plus à l'aise qu'en Ligue 1, où le début de saison est difficile. « C'est comme ça, souffle le gardien Danijel Subasic. L'équipe joue mieux en C1... : l'étoile sur le ballon, la musique, les poils se dressent sur les bras. Y'a rien à faire. »

MONACO TERMINE PREMIER

Malgré tout, la quatrième journée est celle de la première défaite, à Lisbonne, en toute fin de rencontre (but de Talisca, 82e). « Cela s'est joué sur un coup de pied arrêté », constate Jardim. Ce résultat arrange les Portugais, mais place Monaco dans une situation périlleuse au moment de se rendre à Leverkusen. Mais en Allemagne, Monaco se faufile dans son style. Solide, mais fluide. Peu expansif, mais efficace. Un but d'Ocampos dans les derniers instants (72e) et voilà les Monégasques proches de la qualification. « Contre le Bayer, il fallait contrôler le milieu et c'est ce que nous avons fait avec une autre préoccupation, qui était de maîtriser l'activité de leurs milieux excentrés », analyse Jardim. La victoire tactique de Monaco place le club de la Principauté en posture favorable avant l'ultime journée. S'il ne perd pas contre le Zenith, il sera en huitième de finale. Deux buts signés Abdennour (63e) et Fabinho (89e) assurent un joli succès à l'ASM. C'est même à la première place du groupe que termine le club de la Principauté, assuré ainsi d'éviter, au prochain tour, les trois derniers vainqueurs de l'épreuve (Real, Bayern, Chelsea), mais aussi les deux derniers finalistes (Atlético Madrid et Dortmund). Une revanche, ou presque, pour un club quasiment décrié quelques semaines plus tôt. « Non, pas une revanche, répond Jardim. Plutôt une réponse franche aux critiques, spécialement celles des Français qui étaient les premiers à dire en début de saison que nos joueurs n'avaient pas le niveau pour disputer correctement cette compétition européenne. » Une sorte de revanche quand même...

Moutinho, tout à sa joie.

8e DE FINALE
25 février et 17 mars 2015
ARSENAL FC

1/4 DE FINALE
14 et 22 avril 2015
JUVENTUS FC

MONACO, AIR CHAUD, AIR FROID

Incroyable qualification face à Arsenal, étrillé dans son stade par Monaco. Intenable frustration d'avoir heurté le mur turinois sans jamais trouver la clé.

Parce que son groupe ne comptait pas de grand nom européen, la qualification de Monaco pour les huitièmes de finale de la Ligue des champions a été accueillie dans une relative torpeur. Injuste, finalement, tant les interrogations, pour ne pas dire les doutes, sur le niveau de l'équipe de Leonardo Jardim étaient puissantes à l'entame de la saison. Mais voilà, Benfica n'étant plus ce qu'il fut, le Bayer manquant de « n » pour inspirer une réelle crainte et le Zenith Saint-Pétersbourg n'étant pas ce qu'il pourrait être, l'analyse en plein hiver n'est pas plus chaleureuse qu'en fin d'été : attendons pour voir. La chance, les circonstances peuvent expliquer cette présence du club de la Principauté parmi les grands de ce monde.

Franchement, faire la moue à ce moment, sous prétexte que le Paris SG est seul porteur des espoirs de la Ligue 1 de remporter le trophée, c'est plus qu'une injustice. Une insulte peut-être, a minima une vexation imméritée. Comme le tirage met sur la route monégasque les Anglais d'Arsenal, voilà l'ASM face à une alternative simple : soit elle est sortie par un club historique, jamais vraiment un cador à ce niveau, et ce sera la preuve que sa place parmi les seize derniers qualifiés était déjà miraculeuse, soit elle réalise une performance qui démontrera que son aventure, même étriquée et rythmée par des scores minimalistes, ne doit absolument rien au hasard, mais tout à une stratégie et à un talent qui ne sauront plus être contestés.

Pas simple, mais après tout, comme le signale justement le vice-président Vadim Vasilyev, « Monaco a déjà gagné, notre saison est déjà réussie ». La posture est habile : pas la peine de prêter attention à ceux ou celles qui feraient la fine bouche. Monaco en huitième de finale de C1 dès cette saison, c'est presque parfait. « Et Arsenal est favori, rappelle Vasilyev. Nous, on a rempli l'objectif d'être en huitième, alors on n'a rien à perdre. C'est surtout l'opportunité de mettre en avant notre projet. On a l'équipe la plus jeune de tous les participants encore en course. On veut montrer que ces jeunes sont brillants. »

WENGER : « NOUS AVONS ÉTÉ SUICIDAIRES »

D'autant que les anciens qui sont censés les encadrer vont manquer à l'Emirates Stadium de Londres. Carvalho, Toulalan et Raggi sont absents, ce qui n'est pas idéal face à une équipe si expérimentée à ce niveau. Et pourtant... pourtant... Quelle surprise, quelle sensation même dans toute l'Europe lorsque le score final tombe. Une erreur ? Une inversion ? 3-1 ! Incroyable. Au repos, Monaco a déjà pris l'avantage grâce à une frappe de Kondogbia (0-1, 38e). Peu après la reprise, les Monégasques profitent à nouveau des largesses de la défense des Gunners : une passe

Martial… et l'Emirates se tut.

de Martial, un but du Bulgare Berbatov et cela fait 2-0 à l'extérieur. Si Oxlade-Chamberlain réduit le score au début des arrêts de jeu (1-2, 90e + 1), juste avant le coup de sifflet final, le Belge Ferreira Carrasco profite d'un contre pour donner un avantage qui apparaît alors décisif. « Cela va nous rendre la tâche difficile au match retour, constate ainsi l'entraîneur d'Arsenal, Arsène Wenger. Sur le plan défensif, nous avons été suicidaires parfois... »

Mi-mars, les Gunners ont envie de revanche, mais les statistiques ne leur laissent que peu d'espoir. Pourtant, Monaco va trembler jusqu'au bout. Olivier Giroud, très critiqué au match aller pour ses maladresses, se montre sous un jour plus inspiré. Il est d'ailleurs le premier buteur, à la 36e minute, laissant planer le doute sur le stade Louis-II et l'espoir d'un retournement de situation pour les Anglais. Lorsque Ramsey ajoute un but (0-2, 79e) à quelques minutes de la fin, tout Monaco tremble. Encore un et ce qui s'annonçait comme un exploit virera au cauchemar. Mais Danijel Subasic veille. Et Monaco se qualifie donc pour les quarts de finale. « Inconsciemment, on avait été trop sûrs de nous à l'aller, reconnaît Wenger. Sur les deux matchs, Monaco a été réaliste et un peu chanceux. »

LA JUVE PASSE DE PEU

Peut-être, peut-être pas... En tout cas, cette présence des Monégasques parmi les huit meilleures équipes continentales est un coup de frais qui donnerait presque des ailes. Comme le niveau de la Juventus Turin, dominatrice en Italie, est incertain, il y a même de quoi rêver à mieux lorsque les Turinois se présentent à Louis-II. Sauf que, contrairement à Arsenal, la Juve est une formation rigoureuse, qui construit sur son socle défensif. Elle ressemble, en cela, davantage à l'ASM. « Mais contre Arsenal, ce n'était pas du 50-50, prévient Subasic, mais 60-40 en leur faveur. C'est la même chose pour ce quart. Les joueurs de Turin ne sont pas meilleurs que nous, mais ils ont plus d'expérience. »

Ils vont d'ailleurs le prouver lorsque Morata obtient une faute de Carvalho dans la surface. Penalty de Vidal (1-0, 57e) et succès court, mais précieux. Selon les chiffres, Monaco n'a plus que quatre chances sur dix de se qualifier pour les demi-finales, mais c'est déjà pas mal. Au retour, en Principauté, la mission est donc de marquer au moins une fois. Monaco essaie, mais ne réussit pas. La Juventus, jamais éliminée par un club français en Coupe d'Europe, poursuit son travail de faucheuse et sa route en Ligue des champions. Dommage, car l'ASM n'a jamais semblé si loin. « Nous n'avons jamais été inférieurs, dit d'ailleurs Jardim, contrarié par l'arbitrage. Je trouve frustrant que la qualification n'ait pas été décidée sur la qualité des joueurs... » Des paroles sans doute un peu exagérées qui démontrent surtout combien Monaco, finalement, s'est trouvé être le club français le plus proche, en cette saison, d'accéder au dernier carré européen.

Chiellini n'y va pas de main morte.

FEDCOM

27 mai 2015, Stade National, Varsovie

FC SÉVILLE - DNIPRO DNIPROPETROVSK : 3-2

SÉVILLE A UN ABONNEMENT

Le FC Séville a conservé sa couronne en Ligue Europa, qu'il a remportée quatre fois en dix ans. Hallucinant.

Chaque année, la même impression : pourquoi donc les clubs français ne respectent-ils pas davantage la Ligue Europa ? Aucun en quart de finale, où l'on retrouve un club allemand (Wolfsburg), deux clubs italiens (Fiorentina, Naples), un club espagnol (Séville), deux clubs ukrainiens (Dynamo Kiev, Dnipropetrovsk), un club russe (Zenith) et même un club belge (FC Bruges). Rien d'inaccessible a priori pour les équipes de Ligue 1 spécialisées en geignardise.

Tant pis pour elles : la deuxième Coupe européenne se passe magnifiquement des équipes françaises. Heureusement, il y a quelques joueurs pour représenter le football d'ici. Ainsi, le FC Séville, habitué de cette compétition puisqu'il en est le tenant du titre, compte, avec Benoît Trémoulinas (Bordeaux, Saint-Étienne), Kevin Gameiro (Lorient, Paris SG), Timothée Kolodziejczak (Nice) et Grzegorz Krychowiak (Reims), quelques anciens pensionnaires de Ligue 1. Séville est d'ailleurs favori de la finale qui, à Varsovie, l'oppose aux surprenants Ukrainiens de Dniepropetrovsk.

Et si les Ukrainiens ouvrent le score (7e, Kalinic), la partie s'emballe alors et, en cinq minutes, les Andalous reprennent le contrôle de la partie (Krychowiak, puis Bacca). L'égalisation du Dnipro, juste avant le repos (44e, Rotan), annonce une seconde période enflammée au cours de laquelle Séville fait parler son expérience, le Colombien Carlos Bacca s'offrant un doublé (73e, 3-2). « C'est quelque chose d'unique et je veux en profiter », dit-il. En dix ans, c'est la quatrième fois que le FC Séville remporte cette Ligue Europa, ce qui lui donne un billet pour la prochaine Ligue des champions 2015-2016... Une permanence remarquable à ce niveau malgré un effectif constamment renouvelé. « Si une équipe arrive deux fois de suite en finale de cette compétition, c'est qu'elle a fait les choses de la bonne manière », estime le défenseur Aleix Vidal. L'ancien Rémois Grzegorz Krychowiak fait partie des révélations de cette équipe. « Le Dnipro a fait un travail extraordinaire et il faut le souligner, explique-t-il, en référence à la situation géopolitique en Ukraine. Nous, on fait quelque chose d'incroyable et je n'aurais pas pu imaginer meilleure soirée pour une finale, car d'habitude je ne marque jamais et là, je le fais en Pologne, chez moi ! »

« C'est quelque chose d'unique et je veux en profiter.

CARLOS BACCA

Reyes : une vieille connaissance
et un capitaine comblé.

Coupe d'Europe des clubs champions – demi-finales
10 avril 1985, Stadio Communale, Turin – 24 avril 1985, Parc Lescure, Bordeaux

JUVENTUS TURIN-BORDEAUX : 3-0, 0-2

JUVENTUS - BORDEAUX 1985 UN BOURREAU NOMMÉ PLATINI

Michele, Michele !

Au terme de deux affrontements contrastés et mouvementés, les Girondins d'Aimé Jacquet et Alain Giresse font trembler la Juventus du grand Michel Platini.

Pour un club français, c'est l'énorme sommet d'une époque révolue et charmante où pour venir défier la Juventus en demi-finale de la future Ligue des champions, il suffisait d'éliminer Bilbao (3-2 et 0-0), le Dinamo Bucarest (1-0 et 1-1 a.p.) et Dnipropetrovsk (1-1, 1-1 aux t.a.b.).

Le Bordeaux du sulfureux président moustachu Claude Bez et du très docte entraîneur Aimé Jacquet est une puissante armada qui domine alors la division 1. Son milieu de terrain (Girard, Tigana, Giresse, Chalanan) n'a pas d'équivalent dans l'Hexagone.

Mais à une étape d'une finale que seul le Stade de Reims des temps préhistoriques est parvenu à atteindre (1956 et 1959), il faut renverser la formation de Michel Platini, Michele l'Italien, prince du Calcio à une époque où les stars étrangères sont très peu nombreuses à évoluer hors de leur pays natal.

La Juventus de Turin, qui court après le seul trophée de taille qui manque à son palmarès, c'est aussi le Polonais Boniek et quatre champions du monde en titre, les Italiens Rossi, Scirea, Tardelli et Cabrini. C'est également un coach de taille aux idées carrées. « Il est amusant de constater combien le jeu peut être différent dans deux pays latins comme les nôtres,

Sous les yeux de Boniek,
Giresse se démène.

analyse Giovanni Trapattoni. Chez nous, c'est le résultat qui est absolument privilégié. Le bien et le mal sont deux conceptions qui ne s'appliquent pas au jeu, mais uniquement au résultat. »

Quand Cabrini élimine Girard

Aimé Jacquet fera un jour son miel d'un tel discours. Pour l'instant, il a le moral. « Mes joueurs sont dans des conditions psychologiques exceptionnelles, déclare-t-il. Je n'ai jamais dit que nous étions à l'abri d'une raclée, mais nous avons tout pour éviter ce genre de désagrément. » Et quand il évoque Platini, c'est avec une franchise désarmante : « Je ne le connais même pas. Je ne me souviens pas l'avoir salué un jour ou l'autre. Mais c'est le symbole vivant du football français. Je reconnais qu'il m'a empêché de dormir. »

Le plus grand joueur de l'histoire de notre football est alors à son zénith. Un an plus tôt, il a conduit les Bleus à leur premier titre, un championnat d'Europe dont il a été sacré meilleur buteur (9 buts en 5 matchs). Ce n'est pas le choc à venir qui peut l'impressionner : « Pour les Français, c'est bien sûr le match de l'année. Les Italiens s'en fichent un peu et prennent ce qui vient devant eux », lance-t-il avec un peu de condescendance.

René Girard, qui va croiser sa route, fait profil bas : « Je ne crois pas que ce soit un petit joueur de club comme moi qui puisse faire peur à Platini. » Deux précautions valant mieux qu'une, dans un Stadio Communale en fusion, Cabrini règle très vite le problème Girard en fendant le mollet du milieu girondin d'un coup de crampon. Girard est déjà blessé quand Boniek, lancé par Platini, ouvre le score (28e). Il sort trois minutes plus tard. La première période est une souffrance pour Bordeaux qui est acculé sur son but. Et quand il retrouve un peu d'air en seconde période, il se fait cueillir à l'italienne en quatre minutes. Servi par Platini, Briaschi trompe Dropsy après avoir commis une faute évidente, mais non sifflée, sur Rohr (67e). Puis Platini en personne donne le coup de grâce sur un centre de Boniek (70e).

« La Juve a encore prouvé qu'elle possédait l'expérience de ces matchs de haute compétition », assène l'étincelant Platoche. Toujours aussi nature, Jacquet dresse un constat lucide : « La Juve a été impressionnante par son engagement, sa fraîcheur physique et sa confiance. Je ne m'attendais pas à revenir avec un score aussi lourd. Platini, Platini, mais il n'y avait pas que Platini. Il y avait aussi Cabrini extraordinaire et Boniek et Tardelli. On n'a jamais pu faire ce que l'on voulait. »

Pour Giresse, les dés sont jetés : « Ce n'est pas une grosse déception. Je suis très content d'être allé en demi-finale. »

Mais déjà Rohr sonne la révolte : « Il sera piquant de voir comment se comporteront les partenaires de Platini quand on va les bouger à notre tour. La route de la finale n'est pas coupée. »

Ce qui peut passer pour de l'orgueil déplacé dit surtout à quel point les Girondins enragent. Ils n'ont

Gernot Rohr ne lâche rien.

pas digéré le titre de *L'Équipe* au lendemain du match aller : « La Juve, c'est autre chose. » Humiliés par ce qu'ils pensent être une injustice et une inexactitude, ils jouent le grand air de la révolte.

« Nos détracteurs auront la réponse sur le terrain, tonne Girard. Je considère avoir été insulté. Si l'on passe, je serais curieux de savoir ce qu'ils vont titrer cette fois-ci. »

Platini : « Rohr a été très méchant »

Pour inverser la tendance, Jacquet choisit le muscle. Rohr vient épauler Girard en milieu de terrain, à charge pour lui de s'occuper de Platini. « Rohr a été très méchant, très agressif, très violent », dira au printemps 2015 le désormais président de l'UEFA. Ce à quoi son bourreau d'alors répondra avec le même recul : « C'était mon travail. J'ai été rugueux, oui. Violent, c'est un mot que l'on doit éviter. Je ne l'ai pas blessé. »

Ce soir-là, devant 40 000 supporters survoltés, les Bordelais font le match que l'on espérait d'eux. Dieter Müller ouvre le score (24e). La Juve est secouée comme un prunier. Les Bordelais tirent 26 fois au but, les Italiens 6 fois seulement. Battiston double la mise d'un missile de 30 mètres (79e). La Juve chancelle. Tigana a la balle du 3-0 au bout du pied. Le gardien Bodini repousse on ne sait trop comment sa frappe à bout portant.

« Tombés comme des grands », titrera *L'Équipe*. « Nous étions enragés. Les critiques nous ont révoltés », expliquera Dropsy. Conclusion de Jacquet : « Nous méritions la qualification autant que la Juve. On l'a malmenée comme elle l'est rarement en championnat d'Italie. »

Trente ans après, tel qu'en lui-même, Platini expliquera : « Au retour, il y a eu beaucoup de suffisance de la part de la Juve, mais à 2-0 on a serré les coudes sans trembler. C'était écrit. On allait gagner. »

Un mois plus tard, contre Liverpool, la Juventus remportera (1-0) la finale au stade du Heysel de Bruxelles où se produira un terrible drame (39 morts) provoqué par des hooligans anglais. Sans doute ce soir-là Platini regretta-t-il d'avoir éliminé Bordeaux.

« Nos détracteurs auront la réponse sur le terrain. Je considère avoir été insulté. Si l'on passe, je serais curieux de savoir ce qu'ils vont titrer cette fois-ci.

RENÉ GIRARD

GUINGAMP
TRÈS EN AVANT

Les clubs français aiment friser le ridicule en Ligue Europa. 2014-2015 n'échappe pas à la règle. Sauf pour Guingamp qu'il convient de remercier pour les frissons.

Vainqueur de la Coupe de France, Guingamp a gagné le droit de représenter la France en Ligue Europa. Le football français est partagé entre le respect qu'inspire la trajectoire du club breton, la jalousie qu'il déclenche chez les aigris et la crainte que sa faiblesse supposée ne coûte de précieux points aux clubs français à l'indice UEFA. Ces trouillards-là sont, généralement, les mêmes qui pestent sur la présence de Monaco et de ses avantages fiscaux (distorsion de concurrence, disent-ils) en Ligue 1, mais se sentent tellement monégasques lorsque le club de la Principauté réussit un parcours en Ligue des champions qui ravitaille la cagnotte française sur le plan continental.

Personne, à Guingamp, n'est vraiment dupe de ces attitudes qui oscillent souvent entre politesse et condescendance. « On ne va pas s'excuser d'être là », assène d'entrée l'entraîneur, Jocelyn Gourvennec. Même si l'En Avant est le moins expérimenté des quatre protagonistes de son groupe, où l'on trouve le Dynamo Minsk, le PAOK Salonique et la Fiorentina, il rêve de réussir à l'échelle européenne ce qu'il a produit en France.

Cela ne démarre pas vraiment comme dans un rêve, pourtant. Un 3-0 encaissé à Florence, où Moustapha Diallo est même expulsé en première période (38ᵉ). Vargas, Cuadrado et Bernardeschi sont les buteurs de la Fio qui, même si la Serie A n'est plus ce qu'elle fut, affichent des ambitions réelles dans cette compétition. Comme Guingamp patine en ce début de saison, le pas est vite franchi d'analyser cette tôle initiale comme un billet vers la sortie. Le 2 octobre, alors que le PAOK, leader du championnat grec, arpente les routes qui mènent au Roudourou, les statistiques roulent sur les gambettes guingampaises : 8 défaites lors des 10 premiers matchs de la saison.

PLUS PERSONNE NE RIT DE GUINGAMP

Seulement voilà, les statistiques, c'est comme les promesses, elles n'engagent que ceux qui y croient. Ces datas, comme il convient de dire pour avoir l'air moderne, ne racontent rien d'autre qu'un début de saison raté, une série mauvaise qui, comme toute série, ne demande qu'à être brisée. Question brisure, Guingamp s'y connaît. Sylvain Marveaux aussi. Lui qui a connu toutes les sélections nationales des moins de 16 ans aux Espoirs, qui s'est révélé à Rennes avant de tomber dans une crevasse à Newcastle pour trois ans en mode « ère glaciaire », a retrouvé la Bretagne, un peu plus à l'ouest, comme disait le bon Tryphon Tournesol. À Guingamp, il est venu se relancer et le PAOK sera sa première victime. Un doublé en moins de cinq minutes (47ᵉ, 50ᵉ) et voilà la première victoire européenne de l'histoire de l'EAG. Voilà aussi le club accroché à son fol espoir de ne pas traverser la Ligue Europa anonymement. « Ce sera désormais très ouvert pour la qualification », confirme Jocelyn Gourvennec.

Pied au plancher.

Claudio Beauvue : la rage du buteur.

Les deux affrontements successifs face aux Biélorusses de Minsk seront, du coup, décisifs pour les Bretons. Leur déplacement dans l'ancienne Union soviétique a aiguisé leurs ambitions. « Il y a un bon coup à jouer, assure Maxime Baca. La victoire contre Salonique a prouvé que l'on pouvait rêver et accrocher la 2e place. » « L'objectif, c'est d'arriver à Noël en étant hors de la zone de relégation en L1 (Guingamp est alors 19e sur 20) et qualifié pour les 16es de finale de la Ligue Europa », affine Gourvennec. Si Guingamp ne prend pas 3 points à Minsk, il en ramène un 0-0 qui arrange ses affaires : il double le PAOK au classement, les Grecs ayant été défaits chez eux par la Fiorentina, qui survole alors le groupe. L'occasion, deux semaines plus tard, aux premiers jours de novembre, de se caler confortablement derrière les Florentins est belle. Beauvue (44e) et Mandanne (86e) offrent contre Minsk un nouveau succès à leur équipe qui, en 4 matchs, a marqué 7 points. C'est joli, surtout en comparaison de la misère offerte par les autres clubs français. Guingamp, au moins, prend les choses au sérieux, respecte l'épreuve, son public et, surtout, ne se trahit pas lui-même.

INCROYABLE MÉDIATION DE CHOVKOVSKI

Lorsqu'il reçoit la Fiorentina, déjà qualifiée et venue en Bretagne sans Pizarro, Gomez et Rodriguez, il a l'opportunité d'un exploit qui lui ouvrirait la porte vers le printemps européen. Mais dès la 6e minute, l'Allemand Marko Marin, prêté par Chelsea où il était en perdition, refroidit le Roudourou, glacé quelques instants plus tard par Babacar (0-2, 13e). La réduction du score sur penalty par Beauvue (45e, 1-2) ne change rien au dessein de la rencontre au cours de laquelle Sylvain Marveaux se blesse. « C'est un scénario décevant car on a fait preuve de beaucoup de naïveté sur l'entame du match, explique Gourvennec. Après, on ne lâche pas et le penalty nous relance, mais... » Les choses sont alors simples pour l'ultime rencontre en Grèce : Guingamp doit au moins réussir un match nul pour se qualifier. « C'est un moment que nous abordons avec énormément de sérénité », annonce le président, Bertrand Desplat. Pas de stress, semble confirmer Gourvennec : « On joue tout sur un match, c'est beau à vivre. »

Beauvue lance parfaitement l'affaire, ouvrant la marque à la 7e minute (0-1). Malgré l'égalisation d'Athanasiadis (22e, 1-1), l'En Avant ne tremble pas et Beauvue confirme l'impression (87e, 1-2). Deuxième du groupe derrière la Fiorentina, Guingamp est le seul représentant français qualifié. « C'est une performance fantastique, selon le président de la Fédération française, Noël Le Graët, d'autant que beaucoup d'observateurs ne donnaient pas cher de la peau d'En Avant ! » « On n'était pas programmés pour ça, enchaîne

Gourvennec. On a réussi l'exploit et mon premier sentiment, c'est la satisfaction de la qualification, le deuxième étant la fierté de l'avoir fait. »

Quoi qu'il arrive désormais, les Guingampais sont parvenus à leur fin. Ils espèrent bien recommencer à surprendre en 16es face au Dynamo Kiev. L'Ukraine est en guerre, le Dynamo a perdu de sa superbe, mais il reste un club de tradition bien davantage rompu aux joutes européennes que les Bretons. Et, depuis le début de sa saison, il n'a chuté qu'une seule fois... La deuxième défaite se produit donc à Guingamp (2-1, buts de Beauvue et Diallo alors que Miguel Veloso avait ouvert le score pour le Dynamo). Certes Yarmolenko (39e) et Belhanda (44e) ont reçu un carton rouge et leur équipe a joué toute la seconde période à 9... « C'était un match bizarre, et il vaut mieux gagner 1-0 que 2-1, mais c'était bien de revenir dans la partie et de gagner », constate Gourvennec.

Ce but encaissé au Roudourou dans les vingt premières minutes pèsera lourd au retour que Guingamp aborde avec l'espoir de l'exploit. « On nous avait dit que l'on était les chèvres de l'indice UEFA et, aujourd'hui, on reçoit les encouragements et les remerciements de grands clubs qui auront besoin de nos points pour participer à la Ligue des champions la saison prochaine, rigole Bertrand Desplat. Je suis content pour eux aussi... » Les deux équipes sont à égalité parfaite à la 46e (2-1, buts de Teodorczyk et Bouyalski contre un de Mandanne), mais un penalty de Gusev casse les jolies envies guingampaises (3-1). Le match est surtout marqué par une interruption de près de dix minutes, des supporters ukrainiens ayant violemment attaqué des fans français. Le gardien de Kiev, l'ancien international Olexandr Chovkovski (40 ans), vient lui-même raisonner les supporters de son club, prenant d'énormes risques (« Je n'ai absolument pas pensé à ça », dira-t-il) et obtenant qu'ils se calment et que le jeu puisse reprendre. Une image très forte qui ne consolera pas vraiment les Bretons, dans « un jour sans » (Beauvue). « Difficile de se qualifier en encaissant 3 buts », reconnaît Gourvennec. Ce n'est pourtant pas cette ultime sortie que l'on retiendra, mais l'ensemble de l'œuvre qui démontre, une fois de plus, que les clubs français ont bien tort de négliger cette épreuve qui, en réalité, est la seule qui soit à leur portée.

LILLE transparent

Le LOSC pourra toujours avancer la difficulté de sa poule en Ligue Europa. Les Allemands de Wolfsburg, les Anglais d'Everton et les Russes de Krasnodar offrent en effet une densité face à laquelle Lille se montre inefficace. Traversant une période compliquée au cœur de l'automne 2014, les joueurs de René Girard restent sur trois nuls avant la phase retour à Liverpool (face au deuxième club de la ville, Everton) où le gardien Vincent Enyeama est « sûr que Lille va gagner ». Lille s'incline finalement 3-0, mais préserve ses chances jusqu'à l'ultime journée. À condition de battre Wolfsburg à Villeneuve-d'Ascq. Nouvelle dérouillée (3-0) pour les hommes de René Girard dont le constat résume parfaitement la campagne européenne de son équipe : « En ce moment, on ne marque pas de but... »

LES VERTS bien nuls

Cinq nuls, une défaite : le bilan de Saint-Étienne en Ligue Europa est famélique et en contradiction avec l'ambition d'épopée annoncée à la reprise. « On sent que toute la France a plaisir à revoir les Verts en Coupe d'Europe et qu'elle attendait ça », révélait ainsi l'emblématique Dominique Rocheteau avant le premier match de poule, face aux Azéris de Karabakh Agdam. Cinq ans que les Verts espéraient revenir sur la scène européenne, fréquentée en 2008 pour la première fois depuis... 1983. « On va la jouer à fond », annonçait d'ailleurs l'entraîneur Christophe Galtier.

Trois mois, deux buts marqués et trois encaissés plus tard, Saint-Étienne sort piteusement de la Ligue Europa. « Il nous a manqué un truc à tous les étages du club », peste le milieu Fabien Lemoine.

LES TOPS

1 NEYMAR
La star

Cette saison de Ligue des champions, conclue par un succès et un but en finale face à la Juve, a permis à Neymar de démontrer qu'il était réellement entré dans une nouvelle dimension. Aussi précieux au Barça que Messi, c'est dire.

2 Carlos BACCA
La pépite

Sept buts et trois passes décisives pour l'attaquant colombien, véritable star de la Ligue Europa remportée par son équipe. Carlos Bacca, 28 ans, se taille un destin qui pourrait l'amener à faire de l'ombre à son compatriote Falcao.

3 Lionel MESSI
Le géant

Bon, avouons-le, il s'agissait de ne pas le placer au premier rang, qu'il mériterait par ailleurs tant il a été constant. Il a détruit seul le FC Bayern Munich en demi-finale aller.

4 Carlos TÉVEZ
L'infatigable

Décevant en championnat d'Italie, il a été remarquable dans sa saison européenne. À 31 ans, l'attaquant argentin a été la pointe efficace d'une Juventus remarquablement organisée en défense.

5 Jackson MARTINEZ
La constance

Encore un Colombien ! Auteur de 7 buts en 8 rencontres, Jackson Martinez mérite de représenter la constance merveilleuse du FC Porto au plus haut niveau continental. Au point de faire trembler le Bayern en quart…

LES FLOPS

5 HULK

L'incroyable

Peut-être le contrecoup de la Coupe du monde ratée du Brésil : l'attaquant du Zenit Saint-Petersbourg a été peu en vue. Un seul but au sein d'une formation qui avait pourtant de réelles ambitions européennes.

4 Mesut ÖZIL

L'intermittent

Le champion du monde allemand est décidément plus à l'aise en sélection qu'en club. Invisible ou presque avec Arsenal en Ligue des champions, il ne justifie pas vraiment sa réputation et son étoile pâlit sérieusement à 26 ans.

3 Ilkay GUNDOGAN

La régression

À 24 ans, l'Allemand n'a pas confirmé cette saison les espoirs placés en lui. Peu utile au Borussia Dortmund avec lequel il n'a inscrit qu'un but. Surtout, il a peu pesé sur le jeu d'une formation en régression, comme lui.

2 Diego COSTA

Le bide

Autant l'Espagnol a été efficace en Premier League, autant il fut transparent en Ligue des champions, où Chelsea a buté sur le Paris SG. Aucun but en C1 pour le Brésilien naturalisé cette saison.

1 Steven GERRARD

L'absent

Dernière saison au plus haut niveau pour l'Anglais de Liverpool. Et comme souvent, les Reds ont été transparents, leur joueur emblématique se montrant incapable d'endiguer son propre crépuscule.

BARCELONE
À PLEINES DENTS

Frustré de n'avoir absolument rien gagné en 2014, Barcelone a opéré une petite révolution et, après un début compliqué, a tout balayé sur sa route en Espagne.

Luis Enrique n'a pas rigolé tous les jours.

Rafael Benitez, dans un entretien accordé à la chaîne BeIN Sports, évoquait ses souvenirs d'entraîneur de Valence, au début du siècle. Champion en 2002 et 2004, il se souvenait d'un championnat où « la concurrence était rude avec le Deportivo La Corogne, Séville, la Real Sociedad, Villarreal qui étaient des équipes compétitives : il n'y avait pas que le Real et Barcelone, comme aujourd'hui ». Certes, l'Atlético Madrid a brisé, en 2014, l'hégémonie des deux géants espagnols qui se partageaient tous les titres de champion d'Espagne depuis neuf ans. Mais le retour à la normale n'a pas tardé. Et l'Atlético, 3e cette saison, termine à 16 longueurs du lauréat, le FC Barcelone, qui n'en compte que 2 d'avance sur le Real.

C'est ainsi : le championnat d'Espagne est une chasse gardée entre deux grandes puissances qui se rendent coup pour coup dans leur pays et jusque sur le pré européen. Rien n'est plus insupportable, à Barcelone, que la suprématie du Real, et inversement. Du coup, le dernier été des Catalans avait été gâché par la 10e Ligue des champions glanée par le Real, empêchant ainsi un doublé historique pour l'Atlético (finaliste et champion d'Espagne) qui aurait pu prétendre s'immiscer dans le duel des deux géants.

Sans aucun trophée, avec un Ballon d'or cette fois promis à Cristiano Ronaldo, le Barça a opté pour du mouvement. Luis Enrique est arrivé au poste d'entraîneur, lui qui a si longtemps joué pour la maison blaugrana, entraîné les jeunes, mais pas vrai-

Messi-Neymar-Suarez :
le trio infernal.

ment réussi lors de son expérience en Serie A, à l'AS Rome (2011-2012). Surtout, le Chilien Alexis Sanchez est transféré à Arsenal et Cesc Fàbregas s'en va à Chelsea. Du coup, Barcelone engage Luis Suarez pour former un trio Messi-Suarez-Neymar qu'il espère redoutable. Et, moins clinquante, l'arrivée d'Ivan Rakitic est un choix fort. Le Croate, révélé à Schalke, en Allemagne, sort de trois années et demie au FC Séville. Il est censé assurer la succession de Xavi, joueur le plus capé de l'histoire du club (766 matchs) qui entame alors sa 17e saison au club, à 35 ans.

REAL MADRID RIVAL N° 1

Comment cette mayonnaise peut-elle prendre ? L'interrogation est vive d'autant que le Real, rasséréné par son succès en Ligue des champions, compte bien profiter de son BBC (Bale, Benzema, Ronaldo) pour tout écraser, le recrutement du brillant champion du monde Toni Kroos (Bayern Munich), permettant de solidifier davantage encore son entrejeu. La première partie de saison donne d'ailleurs raison au Real Madrid qui, parfois, semble intouchable. Pendant ce temps, Barcelone est poussif : 4e au classement après dix journées, il vient de subir deux défaites d'affilée face au Real (1-3) et au Celta Vigo (0-1) lorsqu'il se retrouve mené au repos, par Almeria (0-1). Finalement, le club catalan s'impose (2-1) et se relance. Mais la crise couve. Les critiques à l'encontre de Luis Enrique, accusé de dénaturer le jeu de Barcelone, soupçonné de vouloir réduire l'influence de Messi, notamment hors du terrain, commencent à dessiner l'histoire d'un club très mal embarqué dans sa saison.

« Il faut rendre hommage à cette équipe et à son coach, Luis Enrique. Le Real joue pour tout gagner, et l'ambiance n'est pas très bonne avec ce revers, mais si la première partie de notre saison a été excellente, la seconde a été franchement faible.

CARLO ANCELOTTI

Xavi laisse un grand vide.

QATAR
AIRWAYS
CAPITÀ
BARÇA
BARÇA

MESSI, c'est fou

Au-delà de son énorme saison, comme d'habitude, Lionel Messi a marqué la finale de la Coupe du Roi, remportée par Barcelone contre l'Athletic Bilbao (3-1). L'Argentin a ouvert le score à l'issue d'un slalom qui l'a vu éliminer 7 adversaires à lui seul. Sans doute le but de l'année en Espagne et la démonstration que, dans les grandes occasions, « la Puce » pique quand elle veut. « On ne peut pas s'habituer à lui, explique Luis Enrique. Il est le meilleur du monde, mais il fait encore des choses qui nous étonnent. »

Petit à petit, le Barça grignote pourtant son retard et reçoit le Real, lors de la 28e journée, en mars 2015, en position de leader (1 point d'avance sur son adversaire du jour). Le Français Jérémy Mathieu ouvre le score pour Barcelone et si Ronaldo permet aux Merengue d'égaliser, Suarez donne la victoire aux Catalans (2-1). À ce moment de la saison, Barcelone possède 4 points de plus que le Real et 9 de plus que l'Atlético Madrid. Huit journées plus tard, en s'imposant à Saint-Sébastien sur le terrain de la Real Sociedad (2-0), les joueurs de Luis Enrique maintiennent ces 4 longueurs d'écart et obtiennent le sacre la journée d'après, à la faveur de leur victoire à Madrid, face à… l'Atlético. Une jolie passation de pouvoir que Carlo Ancelotti, l'entraîneur du Real, accueille avec fair-play : « Il faut rendre hommage à cette équipe et à son coach, Luis Enrique. Le Real joue pour tout gagner, et l'ambiance n'est pas très bonne avec ce revers, mais si la première partie de notre saison a été excellente, la seconde a été franchement faible. Il n'y a pas de trophée pour cette équipe cette année, mais elle a quand même tout donné et j'en suis fier. »

Fier, Luis Enrique l'est tout autant, mais refuse les éloges. « Invincible est un mot horrible dans le football, car ça n'existe pas », dit-il. Son équipe, à l'inverse du Real, s'est améliorée au fil de la saison. Si l'assise défensive barcelonaise a été remarquable (21 buts encaissés, meilleure défense), Luis Enrique a trouvé la clé pour faire évoluer son trio d'attaquants vedettes. À eux trois, Messi, Neymar et Suarez ont inscrit 81 des 110 buts de Barcelone. Et en réussissant le doublé championnat-Coupe du Roi, Luis Enrique est même devenu le troisième de l'histoire, après Cruyff et Guardiola, à remporter la Coupe nationale comme joueur et comme entraîneur.

Malgré cela, la question de son avenir a pollué toute la fin de saison. « Quand j'ai pris l'équipe, rappelle-t-il, elle sortait d'une saison vierge de trophée. Nous ne pouvions pas nous permettre une année de transition et nous avons essayé de faire de notre mieux, mais je n'ai rien à revendiquer. Si les choses vont mal, on t'exécute, si elles vont assez bien ou bien, on te critique. » Fataliste, l'entraîneur catalan…

« Quand j'ai pris l'équipe, rappelle-t-il, elle sortait d'une saison vierge de trophée. Nous ne pouvions pas nous permettre une année de transition et nous avons essayé de faire de notre mieux, mais je n'ai rien à revendiquer.

LUIS ENRIQUE

Rakitic ou
le chaînon manquant.

1

Lionel
MESSI
L'exception

Que dire, qu'écrire sur le quadruple Ballon d'or-France Football ? Génial, stratosphérique sur certains matchs. Il a inscrit 43 buts et délivré 16 passes décisives, mais, surtout, il a porté le Barça lors de la seconde partie de saison.

2

Antoine
GRIEZMANN
La progression

Le jeune Français, 24 ans, a été meilleur que la saison dernière qui l'avait vu inscrire 16 buts avec la Real Sociedad. Avec 22 buts cette saison, il fut le meilleur attaquant, loin devant Mandzukic et Torres.

LES TOPS

3

NEYMAR
La confirmation

Sa meilleure saison : 9 buts l'an dernier pour sa première saison à Barcelone, 22 en 2014-2015. Le Brésilien, bien remis de sa blessure de la Coupe du monde, a réalisé sa première saison totalement pleine au très haut niveau.

4

Cristiano
RONALDO
Le métronome

Meilleur buteur de la Liga, le Portugais s'est sans doute davantage fait remarquer cette saison par ses gestes de mauvaise humeur et un comportement parfois égoïste. Mais 48 buts en une saison, ça force le respect.

5

Sofiane
FEGHOULI
L'embellie

Sortant d'une Coupe du monde convaincante, Sofiane Feghouli a été très important dans la belle saison de Valence, qualifié pour le tour préliminaire de la Ligue des champions. Formé à Grenoble, le milieu algérien de 25 ans s'est affirmé comme un des joueurs majeurs de Liga.

LES FLOPS

5

PEDRO

La disparition

Bien relancé la saison passée (14 buts), celui qui s'était révélé à 20 ans a subi de plein fouet le recrutement de Luis Suarez. Souvent remplaçant (15 titularisations sur 35 apparitions en Liga), il a inscrit 6 buts et semble condamné à partir ou à accepter son rôle de remplaçant.

4

Fernando TORRES

L'illusion

Revenu dans le club où il s'est révélé après des saisons de galère à Chelsea puis au Milan AC, Fernando Torres n'a inscrit que 3 buts en 19 apparitions. Le crépuscule du champion du monde de 31 ans est proche.

3

Mario MANDZUKIC

La déception

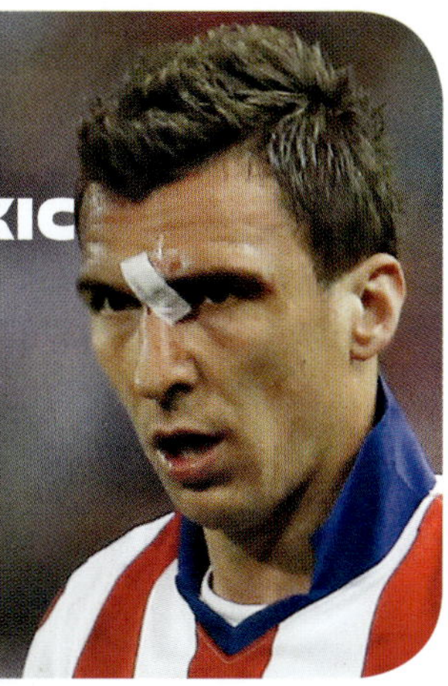

Arrivé du Bayern Munich où il était barré par Robert Lewandowski, Mario Mandzukic a sans doute été plus performant en Ligue des champions (5 buts) qu'en Liga où il a semblé en difficulté pour s'adapter au rythme.

2

Carlos VELA

L'extinction

Étincelant ces deux dernières saisons, le Mexicain de 26 ans a marqué le pas. Certes, 10 buts inscrits, mais il était censé s'imposer comme le leader de la Real Sociedad « made in » David Moyes (ex-Manchester United). Raté.

1

Gareth BALE

La déconfiture

Le Gallois de 25 ans, qui disputait sa deuxième saison avec le Real, où il est arrivé contre un transfert record (100 millions d'euros en provenance de Tottenham) a déçu : 13 buts et pas vraiment de complémentarité avec Cristiano Ronaldo.

CHELSEA, C'EST BÉTON

Chelsea et José Mourinho ont dominé d'une poigne de fer la Premier League. Ils en sont fiers.

Folle Premier League, incontestablement le championnat le plus disputé d'Europe. « Ici, ce n'est pas l'Allemagne avec le Bayern Munich ou l'Écosse avec le Celtic ! » Qui a dit ça ? Qui envoie une pique à droite, à gauche et surtout en plein dans le nez de Pep Guardiola, entraîneur du Bayern ? José Mourinho, évidemment ! Il n'a pas tort, le technicien portugais de Chelsea. Après tout, l'Atlético Madrid s'est immiscé en Espagne dans la bagarre pour le titre, mais c'est une anomalie d'une histoire très contemporaine appartenant désormais au Barça et au Real. En France, le Paris SG n'a pas la vie facile, mais il a une grosse marge quand celle du Bayern, en Bundesliga, semble ineffaçable à court terme. Et en Italie, la Juventus a aussi dominé la saison d'assez haut.

L'Angleterre, il est vrai, c'est autre chose. Manchester United, Manchester City, Arsenal, Liverpool, et même Tottenham peuvent se mêler à la lutte pour le titre. La concurrence est rude, les pièges étendus.

Le constat de José Mourinho n'a pas pour unique but de valoriser la Premier League. Il possède un double effet miroir qui frotte son ego au baume de « je suis content de moi ». Car l'entraîneur de Chelsea insiste bien sur sa faculté à se mettre en danger, à se lancer dans des défis que seul un « Special One » comme lui peut accepter. Il n'est pas pantouflard, il est conquérant ; il n'a peur de rien ni de personne et c'est pour cela qu'il se sent exceptionnel – et qu'il l'est d'ailleurs. « J'ai choisi la difficulté en revenant dans le championnat le plus diffi-

Azpilicueta, de plus en plus à l'aise en Premier League.

cile du monde en 2013 (après son passage au Real Madrid), explique-t-il. Beaucoup de gens dans mon entourage m'ont déconseillé de le faire en me disant que l'on ne regagne pas là où l'on a déjà beaucoup gagné. J'ai pris le risque d'entacher ma réputation. »

MOURINHO FAIT SON SHOW

Et ouiiii, c'est ça, *baby* !!! Mourinho, à l'oral, il a le groove d'Austin Powers, il chaloupe avec les mots comme Dalida en robe du soir. Chatoyant, sirupeux, délicieusement imbu de lui-même, l'ancien entraîneur de l'Inter Milan ! Les fans l'adorent pour ça. À Chelsea, en tout cas, il est adulé. Les Blues, qui n'ont pas remporté le championnat d'Angleterre depuis 2010 (Ancelotti était alors sur le banc), attendent du Portugais chéri qu'ils remettent leur club au sommet encombré de la Premier League. Ils n'en peuvent plus des deux Manchester, et s'ils pouvaient éviter de revoir Arsenal leur passer devant, cela rendrait leur bonheur parfait.

Et ils sont heureux. La première partie de saison, les Blues sont spectaculaires et dominateurs. C'est une sorte de rêve éveillé, une idylle explosive qui fait trembler toute l'Angleterre et même l'Europe, car le niveau de jeu proposé par Chelsea n'a rien à envier à ce que le Bayern, Barcelone (poussifs) ou le Real démontrent. L'entrée dans l'hiver est plus rude et José Mourinho change un peu son approche, revenant à des préceptes plus prudents. Et s'attirant alors les critiques sur un « *boring* Chelsea » indigne du show que prétend proposer le « meilleur championnat du monde ». Les fans, eux, sont au soutien et arborent des tee-shirts explicites : « Il gare le bus où il veut ! », hymne à une défense de béton qui permet aux Blues de faire le break en février et de distancer durablement Manchester City, seule formation à encore espérer à ce moment-là. « Les chiens aboient, la caravane passe, commente Mourinho. Lorsque City est revenu à notre hauteur en janvier, tout le monde pensait qu'on allait s'écrouler, mais au contraire, nous avons creusé l'écart à nouveau, malgré les blessures de Costa, Matic, Ramires, Rémy, et ce sans la moindre défaite. »

« Lorsque City est revenu à notre hauteur en janvier, tout le monde pensait qu'on allait s'écrouler, mais au contraire, nous avons creusé l'écart à nouveau.

JOSÉ MOURINHO

Eden Hazard,
en mode Zlatan.

Et ouiiii, c'est ça, *baby* !!! Mourinho, en deux phrases, vous explique que, malgré l'adversité et les blessés, il a trouvé la solution. « C'est la raison pour laquelle il est payé autant, commente Alan Pardew, le manager du Crystal Palace. Parce qu'il gagne des trophées. » Mourinho lui-même n'aurait pas dit mieux pour saluer ce 3e titre en dix ans pour Chelsea. Une équipe renouvelée sur laquelle le manager portugais fonde de grands espoirs pour le futur : « Hazard est là depuis trois ans, Matic a pris de l'expérience, tout comme Azpilicueta, Ivanovic est devenu un cadre... » Lampard parti, Terry proche de la retraite, les Blues ont assuré la transition et Mourinho se met à rêver de Pogba, mais aussi de Griezmann et de Schneiderlin.

> « C'est la raison pour laquelle il est payé autant. Parce qu'il gagne des trophées. »
>
> ALAN PARDEW

LA CONCURRENCE S'ORGANISE

Car il est conscient que la concurrence va se réorganiser. Derrière son équipe, les deux Manchester s'impatientent. City fut un dauphin honorable et Manchester United, après un début de saison cahoteux (7e après 6 journées), a remonté la pente. Mais la lutte entre MU, Arsenal, Tottenham et même Southampton, pour les tickets qualificatifs pour la Ligue des champions, a été indécise jusqu'au bout, ne souriant finalement pas à Tottenham et Southampton... Il y a pire : Newcastle et son cortège de Français ont ravalé leurs ambitions, en lutte pour ne pas descendre toute la seconde partie de saison. C'est un championnat difficile, on vous dit. Et ouiii, l'Angleterre, c'est ça, *baby* !!!

DES DROITS effrayants

Incroyable nouvelle tombée au cours du printemps : la Premier League a renégocié la cession de ses droits télé à la hausse pour les trois saisons 2016-2017 à 2018-2019. Oui, bon, et alors ? Et alors ?! Près de deux milliards d'euros de rentrées financières par saison, soit trois fois plus que dans le championnat espagnol, la Ligue 1 et la Serie A italienne, et près de quatre fois plus que la Bundesliga. De quoi façonner des armadas dans les grands clubs anglais (Manchester United, Manchester City, Chelsea, Arsenal, Liverpool), mais aussi attirer beaucoup des meilleurs joueurs du continent actuellement dans les autres championnats. Avec ce contrat, le championnat d'Angleterre démontre au passage son attractivité et, surtout, sa prédominance commerciale sur le sport mondial...

Les Blues ne l'ont pas volée.

LES TOPS

1

Eden HAZARD
Le dribbleur

À 24 ans, le Belge a été désigné meilleur joueur du championnat d'Angleterre, un an après avoir été élu meilleur espoir. Impliqué dans un tiers des buts de Chelsea, il est devenu le maître à jouer du champion d'Angleterre.

2

Sergio AGÜERO
Le buteur

Le champion d'Angleterre 2014 a fait peine à voir toute la saison, en bagarre pour se qualifier pour la Ligue des champions. L'attaquant argentin, 27 ans, fut le seul à tenir son rang, terminant meilleur buteur (25 buts).

3

Cesc FÀBREGAS
Le passeur

Dans l'ombre d'Eden Hazard, il a pourtant réussi sa première saison à Chelsea après trois années à Barcelone. L'ancien meneur d'Arsenal, 28 ans, est, de très loin, le meilleur passeur de Premier League avec 18 passes décisives en une saison.

4

Harry KANE
L'artilleur

Seulement 22 ans et l'Angleterre est persuadée de tenir enfin le grand attaquant qui succédera à Wayne Rooney. La star de Tottenham a d'ailleurs été la vedette du marché des transferts, les spéculations sur ses possibles destinations ayant animé le mercato.

5

Alexis SANCHEZ
La bonne pioche

Si Arsenal collectionne les erreurs de casting et doit composer avec les déceptions engendrées par Mesut Özil et Danny Welbeck, le club londonien ne peut que se réjouir de l'arrivée du Chilien (26 ans) en provenance de Barcelone. Avec 16 buts en championnat, il est celui, avec Olivier Giroud, qui a permis aux Gunners de surnager dans les moments compliqués.

LES FLOPS

5

Mauricio ISLA

Le symbole

Le Chilien de 27 ans, arrivé de la Juventus Turin, a vécu une saison cauchemardesque à Queens Park Rangers. Relégué, QPR a traversé péniblement cette saison et Isla, qui n'a pas été catastrophique, est plutôt le symbole d'un effectif sans queue ni tête.

4

Edin DZEKO

Le recul

Seulement 22 matchs et 11 comme titulaire : le Bosniaque n'est plus vraiment décisif avec Manchester City. À 29 ans, il a clairement perdu sa place et on évoque un retour en Allemagne, où il s'était révélé.

3

Emmanuel RIVIÈRE

L'oublié

Un seul but marqué, cela ne lui était pas arrivé depuis… sa toute première saison au haut niveau, en Ligue 1 avec Saint-Étienne en 2008-2009. Le jeune Français s'est noyé à Newcastle, où il a réussi à se faire totalement oublier.

2

Robin VAN PERSIE

Le déclin

Incontestable déclin de l'attaquant néerlandais, qui n'a marqué que 10 buts avec les Red Devils. À 31 ans, l'ancienne star d'Arsenal vit un crépuscule cruel et ne semble plus dans les plans de son compatriote Louis van Gaal.

1

FALCAO

Le fantôme

Vingt-six matchs, seulement 4 buts. Le Colombien, prêté par Monaco, n'a pas réussi à se relancer après sa grave blessure au genou. Pourtant très apprécié à Old Trafford, il n'a pu revenir au niveau qui en avait fait, il y a trois saisons, un des trois prétendants au Ballon d'or.

JUVENTUS TURIN,
CHAMPION JUVÉNILE POUR TOUJOURS

Quatrième titre d'affilée pour la Juventus Turin, reine d'Italie et replacée parmi les équipes qui comptent en Europe.

Allegri, une belle réussite.

Tout commence comme une romance ratée. Les supporters de la Juventus sont orphelins d'Antonio Conte, l'entraîneur qui les a conduits trois fois d'affilée au titre de champion. Alors, ils ne vivent pas bien la nomination de son successeur, Massimiliano Allegri, d'autant qu'il était auparavant sur le banc du Milan AC. Pour les fans piémontais, il ne faut pas exagérer. Alors, ils manifestent. Aux abords du centre d'entraînement et, bien évidemment, sur les réseaux sociaux, lieux d'aisance numériques et anonymes où tout est possible, surtout le pire. Qu'entend-on, hormis que le beau Antonio Conte, fils de la maison (il fut joueur de la Juve dans les années 1990), aura toujours son rond de serviette, sa bouteille de pinard à la cave et son lit *king size* dans la chambre principale ? « Allegri n'a pas la rage de vaincre de Conte et ne peut pas motiver les joueurs comme lui. » Tout est résumé dans cette formule d'un supporter. Allegri, aux allures timides, au physique frêle et à la prise de parole distanciée, ne peut pas être le nouveau leader que Turin attend. Il n'a rien d'un empereur, rien d'un aboyeur, rien d'un meneur.

Le jugement est sévère, mais Allegri ne cille pas. Il est même d'un stoïcisme impressionnant. Il a été préféré à Roberto Mancini, l'ancien entraîneur de l'Inter et de Manchester City, et sait très bien qu'il doit faire ses preuves en toute humilité. « Je comprends le scepticisme des supporters », souligne-t-il sobrement, sans en

La Juve toujours aussi conquérante.

Pogba, monsieur Plus.

rajouter. Et il commence son travail. D'abord, il conserve la base du jeu de Conte, ce 3-5-2 qui a tant fait gagner la Juventus en Italie. Et puis, il met sa patte personnelle avec le 4-3-1-2 qu'il affectionnait au Milan AC.

IMBATTABLE JUVE

Sur le plan tactique, il impose ses vues. Dans l'approche du groupe, il fait de même. Là où Conte était très exigeant, mettait beaucoup de pression aux joueurs sur la discipline, les règles de vie, la communication, Allegri opte pour la souplesse. Il accorde davantage de moments de liberté entre deux mises au vert, témoigne d'une confiance assumée envers ses joueurs. « Il a eu l'intelligence d'être patient, estime Gianluigi Buffon, le gardien de la Juve. Il n'est pas arrivé en faisant la loi et en imposant son credo. Il s'est adapté et a amené les joueurs à adhérer à son projet. »

Son projet repose beaucoup sur la conservation du ballon et un jeu moins direct et moins abrupt que celui pratiqué par la Juventus auparavant. Cela explique peut-être que son équipe ait mieux résisté sur la scène européenne, allant jusqu'en finale de la Ligue des champions, où elle donna beaucoup de fil à retordre au FC Barcelone, qui avait pourtant tout écrabouillé sur son passage. En Italie, la Roma a bien espéré tenir le choc et se mêler à la lutte jusqu'au bout. Le Milan AC et l'Inter ont rapidement sombré loin des places qu'ils avaient l'habitude d'occuper et Naples a crachoté trop vite pour être un sérieux candidat au titre.

La Juventus, imperturbable, a vite appris à se mettre au diapason d'Allegri. Sa défense est restée la référence avec seulement 17 buts encaissés. On y trouve Bonucci, qui n'a jamais réussi à s'imposer à l'Inter, Barzagli, champion du monde 2006 perdu ensuite à Wolfsburg, et Chiellini, valeur sûre et symbole de ce que l'Italie connaît de la science du jeu défensif. Il y a, devant, Pirlo, qui, depuis son arrivée en 2011, aura donc été champion tous les ans avec Turin… Car cette Juve est imbattable et remporte son 31e titre, le 4e de suite, elle qui, avant 2011, n'avait plus connu ce bonheur depuis 2003.

Les tifosi, qui célèbrent ce sacre lors de la 34e journée, rendent alors hommage à leur entraîneur, Massimiliano Allegri. En l'espace de neuf mois, il a levé les doutes sur ses capacités, replaçant la Juventus comme un acteur essentiel du football européen, ce qu'elle n'avait plus été depuis le tout début du siècle. « Conquérir le peuple bianconero était une de mes grandes ambitions, dit-il. J'avais promis d'y parvenir grâce aux résultats. » Un triomphe.

« Conquérir le peuple bianconero était une de mes grandes ambitions, dit-il. J'avais promis d'y parvenir grâce aux résultats.

MASSIMILIANO ALLEGRI

Tévez, l'arme fatale des Bianconeri.

LES TOPS

1

Paul
POGBA
Stratosphérique

À 22 ans, il transforme le jeu de la Juventus Turin, avec lequel il a été sacré champion d'Italie. Sept buts, ce qui est beaucoup pour un milieu. Récupérateur, accélérateur du jeu et star du marché des transferts 2015 : Paris SG, Manchester (où il fut formé), Barcelone et le Real Madrid se le sont arraché.

2

Luca
TONI
Inusable

Incroyable. À 38 ans, il a inscrit 21 buts sous le maillot du Hellas Vérone. Meilleur buteur de Serie A, ce n'est pas rien. Il l'avait déjà été en 2006, sous le maillot de la Fiorentina. Et fut aussi meilleur buteur de la Bundesliga (avec le Bayern) en 2008.

3

Francesco
TOTTI
Éternel

Toujours le symbole de la Roma, encore une fois dauphine de la Juventus et qui, sur la durée, fait preuve, comme son emblématique capitaine, d'une sacrée régularité qu'on ne lui connaissait pas avant l'arrivée de Rudi Garcia comme entraîneur (22e saison au club pour Totti, 38 ans).

4

Giorgio
CHIELLINI
Infranchissable

Lancé par Didier Deschamps en Serie B avec la Juventus lors de la saison 2006-2007, Giorgio Chiellini, 31 ans, est depuis devenu un des plus redoutables défenseurs d'Italie. S'il est devenu très connu pour avoir été mordu par l'Uruguayen Luis Suarez lors d'un match du Mondial 2014, il est, pour la saison 2014-2015, le symbole de la solidité de la Juventus.

5

Miroslav
KLOSE
Inamovible

À 37 ans, l'attaquant allemand, meilleur buteur de l'histoire des Coupes du monde, a réussi une sacrée saison avec la Lazio. Souvent remplaçant (21 titularisations en 37 journées), il est le meilleur buteur de son club (13 buts), qualifié pour le tour préliminaire de la Ligue des champions.

LES FLOPS

5

Antonio
CASSANO
Porté disparu

Passé par la Roma, le Real Madrid, le Milan AC, l'Inter Milan, Antonio Cassano, enfant terrible du football italien, 33 ans, s'est échoué à Parme depuis deux saisons. Il y a inscrit 5 buts et est descendu en 2e division.

4

AMAURI
Mauvaise pioche

Venu pour reformer avec Fabio Quagliarella un duo qui fonctionnait bien à la Juventus Turin, Amauri, international italien né au Brésil, a traversé sa saison au Torino péniblement. Seulement 1 but et 8 titularisations.

3

Roberto
DONADONI
La légende déchue

Grande figure du Milan AC des années 1980 et 1990, Roberto Donadoni a remporté, comme joueur, 6 titres de champion et 3 Ligues des champions. L'ancien international, sélectionneur de l'Italie après la Coupe du monde 2006 gagnée par la Squadra Azzurra, poursuit depuis une descente… vers les enfers. Avec Parme, qu'il entraîne depuis 2012, il a été relégué en Serie B.

2

Lukas
PODOLSKI
L'espoir déchu

À force d'être jeune, Lukas Podolski a 30 ans… En difficulté au Bayern, en difficulté à Arsenal, celui qui s'était révélé lors du Mondial 2006, voulait se relancer à l'Inter : 16 matchs, 1 seul but. Si l'on considère qu'il n'en a marqué aucun avec Arsenal entre août et décembre, c'est la pire saison de sa carrière.

1

Stephan
EL SHAARAWY
Pharaon décati

Seulement 3 buts pour l'attaquant italien d'origine égyptienne. À 23 ans, celui qui s'était révélé en 2012 en inscrivant 16 buts a été très peu utilisé cette saison, ne jouant que 17 rencontres. Rebonds à l'étranger possibles en 2016…

LE BAYERN
ÉCRASE TOUT

Personne en Allemagne n'a pu résister au Bayern Munich, sacré pour la troisième fois consécutive. Trop facile, la Bundesliga ?

Une saison de football est un voyage étonnant. On y vit des joies et des émerveillements, mais ça ne dispense pas de côtoyer le désespoir, les crises et parfois, même, la cruauté. Prenez Paderborn, promu en Bundesliga en mai 2014. Un club sympathique d'une petite ville sise entre Dortmund et Bielefeld, qui a tout pour enchanter les conteurs des temps modernes, surtout lorsqu'il prend les commandes du championnat d'Allemagne aux dépens du Bayer Leverkusen lors de la 4e journée. Surtout lorsque s'annonce, dès le match suivant, un déplacement à l'Allianz Arena de Munich où l'attend le Bayern. Dès lors, cela s'appelle un sommet. Et c'est fête, mignardises et volupté à volonté car il y a dans cette affiche inattendue des airs de Coupe et d'aventure insensée.

Si bien que la défaite, lourde, infligée par les Bavarois (4-0) n'est qu'une péripétie. Le Bayern s'empare alors de la tête de la Bundesliga et Paderborn retourne en souriant à son destin de trublion. Qu'il fut aimable de voir troubler le jeu quelques semaines. À la revoyure et bonne chance, les amis de Westphalie-Rhénanie ! Seulement voilà, la sensation forte d'une fin d'été se mue, en fin de printemps, en lanterne rouge. Dernier, relégué, voici le SC Paderborn qui retourne, un an après, d'où il vient : en Bundesliga 2.

Pendant ce temps, le Bayern n'a jamais lâché son bien. Leader il est devenu, leader il est resté. Champion d'Allemagne pour la troisième fois d'affilée, pour la 25e de son histoire, il n'a jamais tremblé. Dès la 17e journée, encore invaincu, il comptait 11 points d'avance sur Wolfsburg. Certes, le club de la ville de Volkswagen a créé une réelle sensation en détruisant le Bayern (4-1) avant la trêve (un doublé du Belge De Bruyne, un autre du Néerlandais Dost), mais c'est insuffisant pour faire vaciller l'équipe de Pep Guardiola. Même lors de la 26e journée, lorsque le Borussia Mönchengladbach viendra s'imposer en Bavière (2-0), l'écart avec le deuxième (Wolfsburg toujours) se réduira à... 10 longueurs.

Trop fort, ce Bayern, sur lequel José Mourinho ironise : « L'Angleterre, ce n'est pas l'Écosse avec le seul Celtic ou la Bundesliga avec le FC Bayern... » Sous-entendu : quel désert à l'ombre du géant allemand. Est-ce totalement faux ? Les Bavarois ont signé quelques cartons en cours de saison qui laissent songeur sur la différence qui existe avec certains de ses adversaires : 8-0 contre

> « L'Angleterre, ce n'est pas l'Écosse avec le seul Celtic ou la Bundesliga avec le FC Bayern...
>
> JOSÉ MOURINHO

Lewandowski, la nouvelle pointe du Bayern.

Schweinsteiger, un ton au-dessus.

Hambourg, 6-0 contre Paderborn, 6-0 contre le Werder Brême… Même la blessure de Javi Martinez, éloigné des terrains pendant neuf mois, n'a pas pesé. Même les difficultés physiques de Franck Ribéry, toujours victime d'une blessure ici ou là, n'ont pas affaibli la machine. Même l'absence d'Arjen Robben, qui a manqué un tiers des rencontres, n'a pas enrayé la marche en avant des coéquipiers de Manuel Neuer.

AVEC 7 CHAMPIONS DU MONDE

La question, très rapidement, n'était donc pas de savoir si le Bayern serait champion, mais quand il le deviendrait. Finalement, l'affaire fut pliée à la 30e journée, alors que quatre matchs restaient à disputer. Sans jouer… Les joueurs de Pep Guardiola virent Wolfsburg tomber contre Mönchengladbach : l'affaire était donc entendue. « Gagner un 25e titre, c'est spécial, résume Franz Beckenbauer, président d'honneur, ancien président, ancien entraîneur, ancien capitaine du club. Il a davantage de saveur car il est toujours difficile de remporter le championnat l'année qui suit une Coupe du monde. Surtout que nous avons dans l'effectif 6 champions du monde 2014 (Neuer, Lahm, Boateng, Götze, Schweinsteiger, Müller) – 7 si l'on ajoute l'Espagnol Xabi Alonso, sacré en 2010. » Malgré cela, Pep Guardiola rappelle une évidence : « Pour un club comme le Bayern, s'imposer dans le championnat n'est pas suffisant. »

Il faudra bien s'en contenter. Si le Borussia Dortmund a complètement raté sa saison, relégable quasiment jusqu'à la trêve avant de remonter à la 7e place, le vieux rival du Bayern Munich l'a éliminé en demi-finale de la Coupe d'Allemagne, aux tirs au but. Et l'autre gros objectif du champion d'Allemagne, la Ligue des champions, a viré au cauchemar en demi-finale aussi, lorsque Barcelone l'a étrillé (3-0) au Nou Camp. Et voilà donc le Bayern victime d'un syndrome comparable à celui du Paris SG en France : sa couronne nationale, c'est bien la moindre des choses, mais l'Europe, c'est un autre monde où les masques tombent. Sévère ? Si l'on en juge par la fin de saison catastrophique des Bavarois (3 défaites en Bundesliga lors des 4 derniers matchs), il semble bien que leur déception continentale ait été telle qu'ils furent statufiés dans leur déception.

« Pour un club comme le Bayern, s'imposer dans le championnat n'est pas suffisant. »

PEP GUARDIOLA

Guardiola, éloge de style.

LES TOPS

1 Kevin DE BRUYNE
Super Tintin

Il ressemble à Tintin, mais il n'a besoin ni de Milou ni du capitaine Haddock pour résoudre les problèmes. Le Belge, 24 ans, qui n'avait pas réussi à Chelsea après une saison à Brême, a été étincelant : 10 buts et 21 passes décisives avec un club qualifié pour la Ligue des champions. L'Europe se l'arrache désormais.

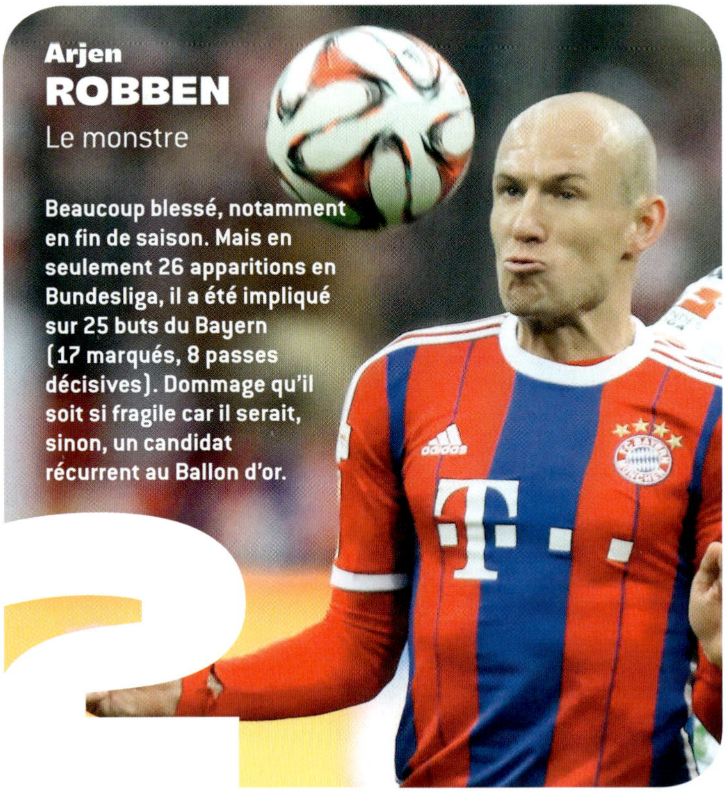

2 Arjen ROBBEN
Le monstre

Beaucoup blessé, notamment en fin de saison. Mais en seulement 26 apparitions en Bundesliga, il a été impliqué sur 25 buts du Bayern (17 marqués, 8 passes décisives). Dommage qu'il soit si fragile car il serait, sinon, un candidat récurrent au Ballon d'or.

3 Thomas MÜLLER
Le métronome

Encore impliqué sur 28 buts de son équipe, Thomas Müller a réussi une saison très complète. Comme en 2014, où il termina meilleur buteur de la Coupe du monde, l'international allemand a été très précieux pour le Bayern avec lequel, à 25 ans, il se construit un palmarès en béton.

4 Alexander MEIER
Le fidèle

Le meilleur buteur de la Bundesliga, c'est lui : Alexander Meier, 32 ans, pas vraiment une star, jamais international. Mais avec 19 buts, il a porté l'Eintracht Francfort dans la première partie de tableau. Joli cadeau pour sa 12e saison au club.

5 Marwin HITZ
Le géant

Il mesure 1,93 m, est suisse, a 28 ans et symbolise parfaitement la saison très réussie d'Augsburg, 5e et qualifié en Ligue Europa. L'ancien gardien de Wolfsburg, où il ne s'est pas imposé, a même inscrit un but dans la saison…

LES FLOPS

5 — Nicklas BENDTNER
L'inutile

Considéré comme un espoir à Arsenal, qui se mit à le prêter fréquemment, ce qui est assez suspect, Nicklas Bendtner ne s'est pas davantage adapté à la Bundesliga qu'à la Premier League. À Wolfsburg, il n'a pas vraiment compté (3 buts) et le Danois de 27 ans continue sa traversée du désert et de l'Europe…

4 — Stefan KIESSLING
La panne

Meilleur buteur de la Bundesliga l'an dernier, au cœur d'une polémique sur son absence dans la sélection de Joachim Löw, qui n'apprécie pas son profil, l'attaquant du Bayer Leverkusen est passé à travers sa saison : 34 apparitions et 9 buts seulement.

3 — Ciro IMMOBILE
La déception

Meilleur buteur du championnat d'Italie alors qu'il portait les couleurs du Torino en 2014, Ciro Immobile devait être l'attraction de la Bundesliga et du Borussia Dortmund. Jamais intégré, peu à l'aise avec le jeu direct des Allemands, l'Italien s'est contenté de 3 buts et, dès décembre 2014, des rumeurs le renvoyaient illico presto en Serie A.

2 — Klaas-Jan HUNTELAAR
L'apathie

L'attaquant de Schalke, d'ordinaire très convaincant, a traversé péniblement la 2e partie de saison. Seulement 2 buts (dans le même match) lors de la phase retour pour un total de 9 sur l'ensemble de la saison.

1 — Rafael VAN DER VAART
La chute

L'enfant chéri de Hambourg n'a pas brillé de la saison : 4 buts (dont 3 penalties) et une seule passe décisive en 24 apparitions. Un rendement insuffisant pour l'ancienne star de Tottenham et du Real. Le HSV, jamais descendu dans l'histoire de la Bundesliga, s'est retrouvé barragiste et ce n'est pas un hasard.

RONALDO GLORIFIÉ, ZIDANE HUMILIÉ

La saison 2014-2015 regorge d'événements. Le *Livre d'or* vous révèle donc son onze type de tout ce qu'il faut aussi savoir. Où l'on retrouve Ronaldo et Zidane, mais aussi Messi, Thierry Henry, Di Stefano et, bien sûr, l'incontournable futur ex-président de la FIFA Sepp Blatter.

① HENRY ET TREZEGUET DISENT STOP

Éliminé avec son équipe des New York Red Bulls en demi-finale du championnat américain, Thierry Henry décide de mettre un terme à sa carrière à 37 ans, vingt ans après avoir effectué ses débuts professionnels à Monaco. Champion de France (Monaco), d'Angleterre (Arsenal) et d'Espagne (Barcelone), vainqueur de la Ligue des champions (2009 avec le Barça), l'homme aux 121 sélections pour 51 buts (record) et 27 passes décisives (autre record) est aussi le joueur français qui a inscrit le plus de buts en carrière (411 en 917 matchs).

Deux mois plus tard et au même âge, c'est David Trezeguet qui se retire après une ultime expérience en Inde. Auteur de 34 buts en 71 sélections, il possède le meilleur rendement des buteurs bleus (1 but toutes les 121 minutes).

② RONALDO COUSU D'OR

L'attaquant portugais du Real Madrid enlève son troisième Ballon d'or après ceux de 2008 et 2013. Avec 37,66 % des suffrages, il devance Lionel Messi (15,76 %) et le gardien allemand Manuel Neuer (15,72 %).

③ MESSI GÉNIAL GOLEADOR

En inscrivant un triplé lors d'un match de la 12e journée de Liga contre Séville (5-1), l'attaquant argentin de Barcelone devient le meilleur buteur de l'histoire du championnat d'Espagne avec 253 buts, un de plus que Telmo Zarra (Bilbao entre 1940 et 1955). À la fin de la saison, son compteur en Liga affichera 286 buts.

④ 22, V'LÀ LE REAL !

En battant les Argentins de San Lorenzo (2-0, buts de Sergio Ramos et Bale) pour ce qui constitue alors sa 22e victoire consécutive (série qui s'arrêtera là), le Real Madrid remporte le premier championnat du monde des clubs de son histoire.

⑤ ZIDANE PRIVÉ DE BANC

Alors qu'il entraîne l'équipe de Castilla (réserve du Real Madrid qui évolue en 3e division) et qu'il complète sa formation en France, Zinedine Zidane est suspendu trois mois par la fédération espagnole pour défaut de diplôme. Une sanction qui sera annulée par le tribunal arbitral du sport espagnol plusieurs semaines plus tard.

Zidane obtiendra son diplôme en mai, mais ne parviendra pas à faire remonter Castilla en Ligue 2 et se fera souffler le poste d'entraîneur du Real par l'Espagnol Rafael Benitez qui succède à Carlo Ancelotti fraîchement licencié.

⑥ DES ESPOIRS AU DÉSESPOIR

Victorieuse de la Suède en barrages aller (2-0), l'équipe de France Espoirs s'incline lors du match retour (4-1). La génération des Umtiti, Kurzawa, Tolisso, Imbula, Ntep, Fekir ou Thauvin ne disputera pas la phase finale de son championnat d'Europe.

⑦ L'ANGLETERRE EN FOLIE

À partir de la saison 2016-2017, et pour une durée de quatre ans, les clubs anglais toucheront au total 2,3 milliards d'euros par an en échange de la cession de leurs droits télévisuels, alors que le salaire moyen d'un joueur de Premier League s'élève déjà à 255 000 euros par an.

Par comparaison, les clubs français toucheront 726 millions par an durant la même période tandis que les Italiens récupèrent 829 millions par saison, les Espagnols 750 millions et les Allemands 628 millions seulement.

⑧ ADIOS DON ALFREDO

L'ancien meneur de jeu du Real Madrid Alfredo Di Stefano s'est éteint à 88 ans. D'origine argentine, mais naturalisé espagnol, il avait été le maître à jouer du Real Madrid vainqueur des cinq premières Coupes d'Europe des clubs champions (future Ligue des champions) entre 1956 et 1960. Huit fois champion d'Espagne, deux fois d'Argentine et trois fois de Colombie, il avait également décroché un titre de champion d'Espagne comme entraîneur avec Valence.

⑨ L'AUTRE ZIZOU, C'EST FOU

En demi-finale du championnat d'Europe des 17 ans, le gardien de but des Bleus Luca Zidane, fils de Zinedine, arrête 3 tirs au but contre la Belgique (1-1, 4 tirs au but à 1) et rate une « panenka » durant la même séance.

Les Français décrocheront le titre en battant l'Allemagne en finale (4-1), grâce notamment à 3 buts du joueur du PSG Odsonne Édouard sacré meilleur buteur du tournoi (8 buts).

⑩ MANÉ À TOUTE VITESSE

Lors de la victoire de Southampton contre Aston Villa, comptant pour la 37e journée du championnat d'Angleterre (6-1), l'attaquant sénégalais de Southampton Sadio Mané inscrit 3 buts en l'espace de 2'56" (13e, 14e et 16e). C'est le triplé le plus rapide de l'histoire de la Premier League. L'ancien record était détenu par l'attaquant de Liverpool Robbie Fowler avec 3 buts marqués en 4'33" en 1994 lors d'une victoire contre Arsenal.

⑪ LA FIFA IMPLOSE

Précédé par un énorme coup de filet de la justice américaine qui aboutit à l'interpellation de 14 personnes pour soupçons de corruption, le 65e congrès de la FIFA, qui se déroule à Zurich, réélit Joseph Blatter, 79 ans, pour la cinquième fois à la tête de l'institution en charge des affaires du football.

Mais sous le poids énorme des scandales récurrents, le Suisse annonce quatre jours plus tard qu'il renoncera à sa charge d'ici quelques mois, après avoir toutefois impulsé des réformes profondes.

ORIGINE DES DOCUMENTS PHOTOGRAPHIQUES

Les photographies de l'intérieur sont de
Presse Sports : pp. 4, 20, 53, 55-56, 88G, 91-92, 95, 105-107.

AFP : pp. 6-17, 19, 21-25, 30-32, 37, 41, 46-47, 51, 54, 60, 65B, 66H, 68MD, 69B, 74, 80, 87, 88HD, 88BD, 93, 96-104, 109, 114-119, 120HD, 121MG, 122-127, 135HG, 135HD, 135MD, 137-139, 140BG, 140BD, 141HG, 141B, 142-143.

Panoramic : pp. 18, 27-28, 35-36, 38-40, 42-44, 49, 58-59, 61-64, 65H, 65MD, 65MG, 66MD, 66MG, 66B, 67, 68H, 68MG, 68B, 69H, 69M, 71-72, 77-79, 83-85, 89, 110-113, 120HG, 120M, 120BG, 120BD, 121HG, 121HD, 121MD, 121B, 128-134, 135MG, 135B, 140HG, 140HD, 140M, 141HD, 141MG, 141MD.

Couverture et quatrième de couverture :
En couverture : Ezequiel Lavezzi, Edinson Cavani et Blaise Matuidi/Panoramic.
En quatrième de couverture (de haut en bas et de gauche à droite) : Lionel Messi/Icon Sport, Antoine Griezmann, Nabil Fekir/Panoramic, Marie-Laure Delie/AFP.

LES RÉSULTATS

CHAMPIONNAT DE FRANCE DE LIGUE 1

CLASSEMENT FINAL	PTS	J	G	N	P	BP	BC	DIFF.
1. Paris SG	83	38	24	11	3	83	36	47
2. Lyon	75	38	22	9	7	72	33	39
3. Monaco	71	38	20	11	7	51	26	25
4. Marseille	69	38	21	6	11	76	42	34
5. Saint-Étienne	69	38	19	12	7	51	30	21
6. Bordeaux	63	38	17	12	9	47	44	3
7. Montpellier	56	38	16	8	14	46	39	7
8. Lille	56	38	16	8	14	43	42	1
9. Rennes	50	38	13	11	14	35	42	-7
10. Guingamp	49	38	15	4	19	41	55	-14
11. Nice	48	38	13	9	16	44	53	-9
12. Bastia	47	38	12	11	15	37	46	-9
13. Caen	46	38	12	10	16	54	55	-1
14. Nantes	45	38	11	12	15	29	40	-11
15. Reims	44	38	12	8	18	47	66	-19
16. Lorient	43	38	12	7	19	44	50	-6
17. Toulouse	42	38	12	6	20	43	64	-21
18. Évian TG	37	38	11	4	23	41	62	-21
19. Metz	30	38	7	9	22	31	61	-30
20. Lens	29	38	7	8	23	32	61	-29

Paris SG et Lyon en Ligue des champions, Monaco qualifié pour le 3e tour préliminaire.
Marseille, Saint-Étienne et Bordeaux en Europa League.
Évian TG, Metz et Lens relégués en Ligue 2.

CLASSEMENT DES BUTEURS

27 buts: Lacazette (Lyon)
21 buts: Gignac (Marseille)
19 buts: Ibrahimovic (Paris SG)
18 buts: Cavani (Paris SG)
17 buts: Beauvue (Guingamp), Gradel (Saint-Étienne)
15 buts: Rolan (Bordeaux)
14 buts: Ben Yedder (Toulouse)
13 buts: Fekir (Lyon)
12 buts: J. Ayew (Lorient)
11 buts: Mandanne (Guingamp), Barrioz (Montpellier)
10 buts: Duhamel (Évian TG/Caen), A. Ayew (Marseille), Carlos Eduardo (Nice)
9 buts: Khazri (Bordeaux), Roux (Lille), Batshuayi (Marseille), Maïga (Metz), Martial, Bernardo Silva (Monaco), Mounier (Montpellier), Ntep (Rennes)
8 buts: Diabaté (Bordeaux), Wass (Évian TG), Touzghar (Lens), Origi (Lille), Bauthéac (Nice), Lavezzi (Paris SG), Moukandjo (Reims), Erding (Saint-Étienne)
7 buts: Bazile (Caen), Chavarria (Lens), Guerreiro, Jeannot (Lorient), N'Jie, Tolisso (Lyon), Payet (Marseille), Berbatov (Monaco), Veretout (Nantes), Lucas (Paris SG), N'Gog (Reims), Toivonen (Rennes)
6 buts: Ayite (Bastia), Feret, Privat (Caen), Sala (Caen/Bordeaux), Ferreira Carrasco (Monaco), Sanson (Montpellier), Charbonnier, Mandi (Reims), Braithwaite, Pesic (Toulouse)
5 buts: Boudebouz, Giovanni Sio (Bastia), N'Sikulu (Évian TG), Thauvin (Marseille), N'Gbakoto (Metz), Bosetti (Nice), Pastore (Paris SG), Diego (Reims), van Wolfswinkel (Saint-Étienne)
4 buts: Kamano, Tallo (Bastia), Benezet, Nangis (Caen), Barbosa (Évian TG), Sunu (Évian TG/Lorient), Coulibaly (Lens), Gueye (Lille), Falcon (Metz), Germain, Joao Moutinho (Monaco), Bérigaud (Montpellier), Bammou (Nantes), Amavi (Nice), Matuidi, Rabiot (Paris SG), Mexer (Rennes), Mollo (Saint-Étienne), Trejo (Toulouse)
3 buts: Maboulou (Bastia), Koita (Caen), El Jadeyaoui (Lens), Boufal, Marcos Lopes (Lille), Lavigne (Lorient), Gourcuff, Malbranque (Lyon), Alessandrini (Marseille), Ocampos (Marseille/Monaco), Malouda (Metz), Camara, Hilton (Montpellier), Audel, Bedoya, Gakpé (Nantes), Cvitanich, Pléa (Nice), Maxwell (Paris SG), De Roussel de Préville, Oniangue (Reims), Doucouré, Habibou (Rennes), Hamouma (Saint-Étienne), Tongo Hamed, Regattin (Toulouse)
2 buts: Gillet, Modesto, Palmieri (Bastia), Maurice-Belay, T. Toure (Bordeaux), Calvé, Kante, Yahia (Caen), Sougou, Thomasson (Évian TG), Giresse, Pied, Schwartz (Guingamp), Bourigeaud, Cyprien, Guillaume (Lens), Delaplace, Frey, Ryan Mendes, Sidibé, A. Traoré (Lille), Bellugou (Lorient), Bruno (Lorient/Évian TG), Philippoteaux (Lorient), Benzia (Lyon), Fanni, Imbula, Lemina, N'Koulou, Romao (Marseille), Bussmann, Sarr (Metz), Dirar, Falcao (Monaco), Dabo, Lasne, Tiéné (Montpellier), N'Koudou, Vizcarrondo (Nantes), Bodmer, Eysseric (Nice), Marquinhos, Bahebeck, David Luiz, Verratti (Paris SG), Courtet (Reims), Konradsen, Pedro Henrique (Rennes), Lemoine, Monnet-Paquet (Saint-Étienne), Akpa-Akpro (Toulouse)
1 but: Cahuzac, Danic (Bastia), Tiago Ilori, Crivelli, Mariano, Planus, Poundje, Sané, Sertic, Thelin, Yamberé (Bordeaux), Da Silva, Lemar, Musavu-King, Raspentino, Seube (Caen), Blandi, Cambon, D. Koné, Ensah, Bille Nielsen, Nounkeu, Sorlin, Tejeda (Évian TG), E. Diallo, Douniama, Jacobsen, Lévêque, Marveaux, Yatabaré (Guingamp), Kantari, Madiani, Nomenjanahary, Valdivia (Lens), Balmont, Basa, Corchia, Kjaer, Mavuba (Lille), Aboubakar, Autret, Gassama, L. Koné, Le Goff, Mostefa (Lorient), Ferri, Gonalons, Grenier, Jallet, B. Koné, Umtiti, Yyattara (Lyon), Aloe, Barrada, Morel, Omrani (Marseille), Kashi, Krivets, Lejeune, Milan, Palomino, Sassi (Metz), Matheus Carvalho, Echiejile, Kondogbia, Fabinho, A. Touré, A. Traoré (Monaco), Bakar, Martin, Montano (Montpellier), Bangoura, Sechter (Nantes), Benrahma, Digard, Genevois, Hult, Maupay, Palun, Puel (Nice), Cabaye, Camara, Thiago Silva, Van der Wiel (Paris SG), Bourillon, Devaux, Kiey, Fortes, Peiget (Reims), André, Armand, Prcic (Rennes), Bayal, Baysse, Brison, Clément, Cohade, Perrin, Pogba, Tabanou, N'Guémo (Saint-Étienne), Kana-Biyik, Ninkov, Pantxi Sirieix, Sylla (Toulouse)

CLUB PAR CLUB

BASTIA
À domicile:
Bat: Saint-Étienne (1-0), Montpellier (2-0), Toulouse (1-0), Rennes (2-0), Paris SG (4-2), Metz (2-0), Lille (2-1), Nice (2-1), Saint-Étienne (1-0)
Nul avec: Marseille (3-3), Lens (1-1), Nantes (0-0), Lyon (0-0), Bordeaux (0-0), Guingamp (0-0), Caen (1-1)
Battu par: Lorient (2-0), Monaco (3-1), Évian TG (2-1), Reims (2-1)
À l'extérieur:
Bat: Nice (1-0), Nantes (2-0), Évian TG (2-1), Rennes (1-0)
Nul avec: Bordeaux (1-1), Caen (1-1), Toulouse (1-1), Lens (1-1)
Battu par: Paris SG (2-0), Metz (3-1), Lille (1-0), Guingamp (1-0), Reims (2-1), Saint-Étienne -1-0), Lorient (2-0), Monaco (3-0), Montpellier (3-1), Lyon (2-0), Marseille (3-0)

BORDEAUX
À domicile:
Bat: Monaco (4-1), Évian TG (2-1), Rennes (2-1), Toulouse (2-1), Lille (1-0), Lorient (3-2), Saint-Étienne (1-0), Paris SG (3-2), Lens (2-1), Marseille (1-0), Nantes (2-1), Montpellier (2-1)
Nul avec: Bastia (1-1), Caen (1-1), Guingamp (1-1), Reims (1-1), Metz (1-1)
Battu par: Lyon (5-0), Nice (2-1)
À l'extérieur:
Bat: Montpellier (1-0), Nice (3-1), Lens (2-1), Évian TG (1-0), Caen (2-1)
Nul avec: Saint-Étienne (1-1), Metz (0-0), Monaco (0-0), Bastia (0-0), Rennes (1-1), Lorient (0-0), Lyon (1-1)
Battu par: Guingamp (2-1), Reims (1-0), Paris SG (3-0), Marseille (3-1), Nantes (2-1), Toulouse (2-1), Lille (2-0)

CAEN
À domicile:
Bat: Lorient (2-1), Reims (4-1), Saint-Étienne (1-0), Toulouse (2-0), Lens (4-1), Lyon (3 0), Évian TG (3-2)
Nul avec: Montpellier (1-1), Bastia (1-1), Metz (0-0)
Battu par: Lille (1-0), Rennes (1-0), Paris SG (2-0), Marseille (2-1), Nantes (2-1), Nice (3-2), Bordeaux (2-1), Monaco (3-0), Guingamp (2-0)
À l'extérieur:
Bat: Évian TG (3-0), Reims (2-0), Rennes (4-1), Marseille (3-2), Nantes (2-1)
Nul avec: Toulouse (3-3), Lens (0-0), Bordeaux (1-1), Monaco (2-2), Paris SG (2-2), Nice (1-1), Bastia (1-1)
Battu par: Metz (3-2), Guingamp (5-1), Lyon (3-0), Lille (1-0), Lorient (2-1), Montpellier (1-0)

ÉVIAN THONON GAILLARD
À domicile:
Bat: Lens (2-1), Metz (3-0), Nice (1-0), Guingamp (2-0), Toulouse (1-0), Lorient (1-0), Montpellier (1-0)
Nul avec: Paris SG (0-0), Rennes (1-1)
Battu par: Caen (3-0), Marseille (3-1), Nantes (2-0), Lyon (3-2), Bordeaux (1-0), Monaco (3-1), Lille (1-0), Bastia (2-1), Reims (3-2), Saint-Étienne (2-1)
À l'extérieur:
Bat: Lorient (2-0), Bastia (2-1), Lens (2-0), Metz (2-12)
Nul avec: Nice (2-2), Guingamp (1-1)
Battu par: Rennes (6-2), Toulouse (1-0), Bordeaux (2-1), Monaco (2-0), Montpellier (2-0), Reims (3-2), Saint-Étienne (3-0), Lille (1-0), Paris SG (4-2), Marseille (1-0), Nantes (2-1), Lyon (2-0), Caen (3-2)

GUINGAMP
À domicile:
Bat: Bordeaux (2-1), Bastia (1-0), Caen (5-1), Paris SG (1-0), Lens (2-0), Lorient (3-2), Monaco (1-0), Reims (2-0), Toulouse (2-1)
Nul avec: Évian TG (1-1)
Battu par: Saint-Étienne (2-0), Marseille (1-0), Metz (1-0), Nantes (1-0), Nice (7-2), Rennes (1-0), Montpellier (2-0), Lille (1-0), Lyon (3-1)
À l'extérieur:
Bat: Lens (1-0), Lille (2-1), Reims (3-2), Metz (2-0), Nice (2-1), Caen (2-0)
Nul avec: Toulouse (1-1), Bordeaux (1-1), Bastia (0-0)
Battu par: Lorient (4-0), Monaco (1-0), Montpellier (2-1), Lyon (3-1), Évian TG (2-0), Marseille (2-1), Nantes (1-0), Rennes (1-0), Paris SG (6-0), Saint-Étienne (2-1)

LENS
À domicile:
Bat: Reims (4-2), Metz (2-0), Nice (2-0), Toulouse (1-0), Nantes (1-0)
Nul avec: Caen (0-0), Lille (1-1), Bastia (1-1), Lorient (0-0)
Battu par: Guingamp (1-0) , Saint-Étienne (1-0), Paris SG (3-1), Bordeaux (2-1), Lyon (2-0), Évian TG (2-0), Rennes (1-0), Marseille (4-0), Monaco (3-0), Montpellier (2-1)
À l'extérieur:
Bat: Lyon (1-0), Toulouse (2-0)
Nul avec: Bastia (1-1), Montpellier (3-3), Reims (0-0), Saint-Étienne (3-3)
Battu par: Nantes (1-0), Évian TG (2-1), Rennes (2-0), Marseille (2-1), Lorient (1-0), Monaco (2-0), Guingamp (2-0), Caen (4-1), Paris SG (4-1), Bordeaux (2-1), Metz (3-1), Lille (3-1), Nice (2-1)

LILLE
À domicile:
Bat: Lorient (2-0), Nantes (2-0), Bastia (1-0), Toulouse (3-0), Évian TG (1-0), Caen (1-0), Lyon (2-1), Rennes (3-0), Reims (3-1), Bordeaux (2-0), Lens (3-1)
Nul avec: Metz (0-0), Montpellier (0-0), Saint-Étienne (1-1), Paris SG (1-1), Nice (0-0)
Battu par: Guingamp (2-1), Monaco (1-0), Marseille (4-0)
À l'extérieur:
Bat: Caen (1-0), Montpellier (2-1), Guingamp (1-0), Évian TG (1-0), Metz (4-1)
Nul avec: Monaco (1-1), Lens (1-1), Nantes (1-1)
Battu par: Nice (1-0), Lyon (3-0), Rennes (2-0), Reims (2-0), Bordeaux (1-0), Marseille (2-1), Lorient (1-0), Bastia (2-1), Saint-Étienne (2-0), Paris SG (6-1), Toulouse (3-2)

LORIENT
À domicile:
Bat: Guingamp (4-0), Lens (1-0), Metz (3-1), Lille (1-0), Bastia (2-0), Caen (2-1)
Nul avec: Nice (0-0), Marseille (1-1), Montpellier (0-0), Lyon (1-1), Bordeaux (0-0)

Battu par: Reims (1-0), Évian TG (22-0), Saint-Étienne (1-0), Paris SG (2-1), Nantes (2-1), Rennes (3-0), Toulouse (1-0), Monaco (1-0)
À l'extérieur:
Bat: Monaco (2-1), Bastia (2-0), Toulouse (3-2), Reims (3-1), Marseille (5-3), Metz (4-0)
Nul avec: Lens (0-0), Nantes (1-1)
Battu par: Lille (2-0), Montpellier (1-0), Lyon (4-0), Caen (2-1), Rennes (1-0), Bordeaux (3-2), Nice (3-1), Guingamp (3-2), Évian TG (1-0), Saint-Étienne (2-0), Paris SG (3-1)

LYON
À domicile:
Bat: Rennes (2-0), Monaco (2-1), Lorient (4-0), Lille (3-0), Montpellier (5-1), Marseille (1-0), Guingamp (3-1), Reims (2-1), Caen (3-0), Toulouse (3-0), Metz (2-0), Nantes (1-0), Bastia (2-0), Évian TG (2-0)
Nul avec: Paris SG (1-1), Saint-Étienne (2-2), Bordeaux (1-1)
Battu par: Lens (1-0), Nice (2-1)
À l'extérieur:
Bat: Nice (3-1), Évian TG (3-2), Bordeaux (5-0), Lens (2-0), Montpellier (5-1), Guingamp (3-1), Reims (4-2), Rennes (1-0)
Nul avec: Paris SG (1-1), Nantes (1-1), Bastia (0-0), Monaco (0-0), Lorient (1-1), Marseille (0-0)
Battu par: Toulouse (2-1), Metz (2-1), Saint-Étienne (3-0), Lille (2-1), Caen (3-0)

MARSEILLE
À domicile:
Bat: Nice (4-0), Rennes (3-0), Saint-Étienne (2-1), Toulouse (2-0), Lens (2-1), Bordeaux (3-1), Nantes (2-0), Metz (3-1), Lille (2-1), Guingamp (2-1), Évian TG (1-0), Monaco (2-1), Bastia (3-0)
Nul avec: Reims (2-2), Lyon (0-0)
Battu par: Montpellier (2-0), Caen (3-2), Paris SG (3-2), Lorient (5-3)
À l'extérieur:
Bat: Guingamp (1-0), Évian TG (3-1), Reims (5-0), Caen (2-1), Toulouse (6-1), Lens (4-0), Metz (2-0), Lille (4-0)
Nul avec: Bastia (3-3), Lorient (1-1), Rennes (1-1), Saint-Étienne (2-2)
Battu par: Lyon (1-0), Paris SG (2-0), Monaco (1-0), Montpellier (2-1), Nice (2-1), Bordeaux (1-0), Nantes (1-0)

METZ
À domicile:
Bat: Lyon (2-1), Bastia (3-1), Reims (3-0), Caen (3-2), Toulouse (3-2), Lens (3-1)
Nul avec: Nantes (1-1), Rennes (0-0), Bordeaux (0-0), Nice (0-0)
Battu par: Paris SG (3-2), Monaco (1-0), Montpellier (3-2), Guingamp (2-0), Évian TG (2-1), Saint-Étienne (3-2), Marseille (2-0), Lorient (4-0), Lille (4-1)
À l'extérieur:
Bat: Guingamp (1-0)
Nul avec: Lille (0-0), Nantes (0-0), Reims (0-0), Caen (0-0), Bordeaux (1-1),
Battu par: Montpellier (2-0), Nice (1-0), Évian TG (3-0), Saint-Étienne (1-0), Toulouse (3-0), Lens (2-0), Marseille (3-1), Lorient (3-1), Lyon (2-0), Bastia (2-0), Rennes (1-0), Paris SG (3-1), Monaco (2-0)

MONACO
À domicile:
Bat: Guingamp (1-0), Évian TG (2-0), Lens (2-0), Marseille (1-0), Nantes (1-0), Bastia (3-0), Toulouse (4-1) , Metz (2-0)
Nul avec: Lille (1-1), Reims (1-1), Caen (2-2), Bordeaux (0-0), Lyon (0-0), Paris SG (0-0), Saint-Étienne (1-1), Montpellier (0-0), Rennes (1-1)
Battu par: Lorient (2-1), Nice (1-0)
À l'extérieur:
Bat: Nantes (1-0), Montpellier (1-0), Bastia (3-1), Toulouse (2-0), Metz (1-0), Lille (1-0), Nice (1-0), Évian TG (3-1), Reims (3-1), Caen (3-0), Lens (3-0), Lorient (1-0)
Nul avec: Paris SG (1-1), Saint-Étienne (1-1)
Battu par: Bordeaux (4-1), Lyon (2-1), Rennes (2-0), Guingamp (1-0), Marseille (2-1)

MONTPELLIER
À domicile:
Bat: Metz (2-0), Lorient (1-0), Guingamp (2-1), Évian TG (2-0), Toulouse (2-0), Marseille (2-1), Nantes (4-0), Nice (2-1), Reims (3-1), Bastia (3-1), Caen (1-0)
Nul avec: Lens (3-3), Rennes (0-0)
Battu par: Bordeaux (1-0), Monaco (1-0), Saint-Étienne (2-0), Lille (2-1), Lyon (5-1), Paris SG (2-1)
À l'extérieur:
Bat: Marseille (2-0), Rennes (4-0), Metz (3-2), Guingamp (2-0), Lens (1-0)
Nul avec: Lille (0-0), Nice (1-1), Caen (1-1), Paris SG (0-0), Lorient (0-0), Monaco (0-0)
Battu par: Nantes (1-0), Lyon (5-1), Reims (1-0), Bastia (2-0), Évian TG (1-0), Toulouse (1-0), Saint-Étienne (1-0), Bordeaux (2-1)

NANTES
À domicile:
Bat: Lens (1-0), Montpellier (1-0), Nice (2-1), Bordeaux (2-1), Guingamp (1-0), Évian TG (2-1), Marseille (1-0)
Nul avec: Lyon (1-1), Reims (1-1), Rennes (1-1), Saint-Étienne (0-0), Metz (0-0), Lille (1-1), Lorient (1-1)
Battu par: Monaco (1-0), Toulouse (2-1), Bastia (2-0), Caen (2-1), Paris SG (2-0)
À l'extérieur:
Bat: Guingamp (1-0), Évian TG (2-0), Caen (2-1), Lorient (2-1)
Nul avec: Metz (1-1), Bastia (0-0, Nice (0-0), Rennes (0-0), Toulouse (1-1)
Battu par: Lille (2-0), Marseille (2-0), Paris SG (2-1), Monaco (1-0), Montpellier (4-0), Lyon (1-0), Reims (3-1), Saint-Étienne (1-0), Bordeaux (2-1), Lens (1-0)

NICE
À domicile:
Bat: Toulouse (3-2), Metz (1-0), Lille (1-0), Lorient (3-1), Marseille (2-1), Lens (2-1)
Nul avec: Montpellier (1-1), Reims (0-0), Saint-Étienne (0-0), Nantes (0-0), Évian TG (2-2), Caen (1-1)
Battu par: Bordeaux (3-1), Bastia (1-0), Lyon (3-1), Rennes (2-1), Monaco (1-0), Guingamp (2-1), Paris SG (3-1)
À l'extérieur:
Bat: Monaco (1-0), Guingamp (7-2), Caen (3-2), Bordeaux (2-1), Lyon (2-1), Reims (1-0), Toulouse (3-2)
Nul avec: Lorient (0-0), Metz (0-0), Lille 0-0)
Battu par: Marseille (4-0), Nantes (2-1), Évian TG (1-0), Paris SG (1-0), Lens (2-0), Montpellier (2-1), Bastia (2-1), Rennes (2-1), Saint-Étienne (5-0)

PARIS SG
À domicile:
Bat: Bastia (2-0), Saint-Étienne (5-0), Bordeaux (3-0), Marseille (2-0), Nice (1-0), Nantes (2-1), Évian TG (4-2), Rennes (1-0), Toulouse (3-1), Lens (4-1), Lorient (3-1), Lille (6-1), Metz (3-1), Guingamp (6-0), Reims (3-2)
Nul avec: Lyon (1-1), Monaco (1-1), Montpellier (0-0), Caen (2-2)
À l'extérieur:
Bat: Caen (2-0), Lens (3-1), Lorient (2-1), Metz (3-2), Saint-Étienne (1-0), Marseille (3-2), Nice (3-1), Nantes (2-0), Montpellier (2-1)
Nul avec: Reims (2-2), Évian TG (0-0), Rennes (1-1), Toulouse (1-1), Lille (1-1), Lyon (1-1) , Monaco (0-0)
Battu par: Guingamp (1-0), Bastia (4-2), Bordeaux (3-2)

REIMS
À domicile:
Bat: Toulouse (2-0), Bordeaux (1-0), Montpellier (1-0), Lille (2-0), Bastia (2-1), Évian TG (3-2), Nantes (3-1), Rennes (1-0)
Nul avec: Paris SG (2-2), Lens (0-0), Metz (0-0)
Battu par: Caen (2-0), Marseille (5-0), Guingamp (3-2), Saint-Étienne (2-1), Lorient (3-1), Monaco (3-1), Nice (1-0), Lyon (4-2)

À l'extérieur:
Bat: Lorient (1-0), Rennes (3-1), Bastia (2-1), Évian TG (3-2)
Nul avec: Nantes (1-1), Monaco (1-1), Nice (0-0), Marseille (2-2), Bordeaux (1-1)
Battu par: Saint-Étienne (3-1), Lens (4-2), Metz (3-0), Lyon (2-1), Caen (4-1), Toulouse (1-0), Montpellier (3-1), Lille (3-1), Guingamp (2-0), Paris SG (3-2)

RENNES
À domicile:
Bat: Évian TG (6-2), Lens (2-0), Lille (2-0), Lorient (1-0), Monaco (2-0), Metz (1-0), Guingamp (1-0), Nice (2-1)
Nul avec: Paris SG (1-1), Saint-Étienne (0-0), Marseille (1-1), Bordeaux (1-1), Nantes (0-0)
Battu par: Toulouse (3-0), Montpellier (4-0), Reims (3-1), Caen (4-1), Bastia (1-0), Lyon (1-0)
À l'extérieur:
Bat: Caen (1-0), Guingamp (1-0), Nice (2-1), Lens (1-0), Lorient (3-0)
Nul avec: Saint-Étienne (0-0), Metz (0-0), Nantes (1-1), Évian TG (1-1), Monaco (1-1), Montpellier (0-0)
Battu par: Lyon (2-0), Marseille (3-0), Bordeaux (2-1), Bastia (2-0), Paris SG (1-0), Toulouse (2-1), Lille (3-0), Reims (1-0)

SAINT-ÉTIENNE
À domicile:
Bat: Reims (3-1), Caen (1-0), Metz (1-0), Lyon (3-0), Bastia (1-0), Évian TG (3-0), Lorient (2-0), Lille (2-0), Nantes (1-0), Montpellier (1-0), Nice (5-0), Guingamp (2-1)
Nul avec: Rennes (0-0), Bordeaux (1-1), Monaco (1-1), Lens (3-3), Marseille (2-2)
Battu par: Toulouse (1-0), Paris SG (1-0)
À l'extérieur:
Bat: Guingamp (2-0), Lens (1-0), Lorient (1-0), Montpellier (2-0), Reims (2-1), Metz (3-2), Évian TG (2-1)
Nul avec: Lille (1-1), Nantes (0-0), Nice (0-0), Rennes (0-0), Toulouse (1-1), Monaco (1-1), Lyon (2-2)
Battu par: Paris SG (5-0), Marseille (2-1), Caen (1-0), Bordeaux (1-0), Bastia (1-0)

TOULOUSE
À domicile:
Bat: Lyon (2-1), Évian TG (1-0), Metz (3-0), Reims (1-0), Rennes (2-1), Bordeaux (2-1), Montpellier (1-0), Lille (3-2)
Nul avec: Caen (3-3), Paris SG (1-1), Guingamp (1-1), Bastia (1-1), Saint-Étienne (1-1), Nantes (1-1)
Battu par: Lens (2-0), Lorient (3-2), Monaco (2-0), Marseille (6-1), Nice (3-2)
À l'extérieur:
Bat: Rennes (3-0), Saint-Étienne (1-0), Nantes (2-1), Lorient (1-0)
Battu par: Nice (3-2), Bastia (1-0), Reims (2-0), Marseille (2-0), Bordeaux (2-1), Montpellier (2-0), Lille (3-0), Lyon (3-0), Évian TG (1-0), Caen (2-0), Paris SG (3-1), Lens (1-0), Metz (3-2), Monaco (4-1), Guingamp (2-1)

CHAMPIONNAT DE FRANCE DE LIGUE 2

CLASSEMENT FINAL	PTS.	J.	G.	N.	P.	BP.	BC.	DIFF.
1. Troyes	78	38	24	6	8	61	24	37
2. GFC Ajaccio	65	38	18	11	9	49	37	12
3. Angers	64	38	18	10	10	47	30	17
4. Dijon	61	38	17	10	11	44	34	10
5. Nancy	58	38	15	13	10	53	39	14
6. Brest	57	38	14	15	9	41	27	14
7. Le Havre	55	38	14	13	11	47	37	10
8. Laval	54	38	11	21	6	41	34	7
9. Auxerre	52	38	12	16	10	48	42	6
10. Sochaux	52	38	13	13	12	39	37	2
11. Niort	50	38	11	17	10	41	42	-1
12. Clermont Foot	49	38	12	13	13	43	47	-4
13. Nîmes	46	38	12	10	16	44	57	-13
14. Créteil-Lusitanos	45	38	10	15	13	44	52	-8
15. Tours FC	44	38	12	8	18	49	54	-5
16. Valenciennes	42	38	10	12	16	34	51	-17
17. AC Ajaccio	41	38	9	14	15	32	42	-10
18. Orléans	40	38	9	13	16	36	47	-11
19. Châteauroux	32	38	7	11	20	31	63	-32
20. Arles-Avignon	30	38	7	9	22	31	59	-28

Troyes, GFC Ajaccio et Angers accèdent à la Ligue 1.
Orléans, Châteauroux et Arles-Avignon relégués en National.

CHAMPIONNAT NATIONAL

Classement final: 1. Red Star, 70 pts; 2. Paris FC, 66 pts; 3. Bourg-Péronnas, 66 pts; 4. Strasbourg, 65 pts; 5. Luçon, 58 pts; 6. Dunkerque, 52 pts; 7. Boulogne, 50 pts; 8. Fréjus-Saint-Raphaël, 49 pts; 9. Avranches, 46 pts; 10. Colmar, 45 pts; 11. Amiens, 41 pts; 12. Le Poiré-sur-Vie, 41 pts; 13. Marseille Consolat, 40 pts; 14. Chambly, 37 pts; 15. CA Bastia, 32 pts; 16. Colomiers, 32 pts; 17. Istres, 22 pts; 18. Épinal, 15 pts.

COUPE DE LA LIGUE

1er tour:
Troyes bat Valenciennes 3-1
Dijon bat Tours 2-2 a.p. (4 tab à 2)
Laval bat Sochaux 2-0
Nancy bat Le Havre 2-1
Arles-Avignon bat Niort 3-2
Clermont bat Istres 1-0
Auxerre bat Orléans 1-1 (4 tab à 3)
Angers bat Nîmes 2-1
Créteil bat Bastia 2-1 a.p.
GFC Ajaccio bat Brest 1-1 a.p. (4 tab à 2)

2e tour:
Auxerre bat Nancy 3-0
Clermont bat Châteauroux 3-1
Arles-Avignon bat Angers 2-1
Laval bat Dijon 1-0
Créteil bat GFC Ajaccio 2-1
AC Ajaccio bat Troyes 4-1

16es de finale:
Lorient bat Évian TG 2-1
Arles-Avignon bat Reims 3-2 a.p.
AC Ajaccio bat Montpellier 1-0
Caen bat Clermont 4-3 a.p.
Nantes bat Laval 4-0
Créteil bat Lens 2-0
Bastia bat Auxerre 3-1
Bordeaux bat Toulouse 3-1
Metz bat Nice 3-3 a.p. (3 tab à 2)
Rennes bat Marseille 2-1

8es de finale:
Bastia bat Caen 3-2 a.p.
Nantes bat Metz 4-2 a.p.
Saint-Étienne bat Lorient 1-0
Rennes bat Créteil 1-0
Paris SG bat AC Ajaccio 3-1
Guingamp bat Arles-Avignon 2-0
Lille bat Bordeaux 1-1 a.p. (6 tab à 5)
Monaco bat Lyon 1-1 a.p. (5 tab à 4)

Quarts de finale:
Bastia bat Rennes 3-1
Paris SG bat Saint-Étienne 1-0
Monaco bat Guingamo 2-0
Lille bat Nantes 2-0

Demi-finales:
Paris SG bat Lille 1-0
Bastia bat Monaco 0-0 a.p. (7 tab à 6)

Finale:
Le 11 avril, au Stade de France
Paris SB bat Bastia 4-0 (2-0)
Arbitre: M. Bastien
Spectateurs: 75000
Buts: Ibrahimovic (21 sp, 41), Cavani (80, 90+2)
Les équipes:
Paris SG: Douchez - Aurier, Marquinhos, Thiago Silva (cap.), Maxwell - Verratti, Rabiot puis Cabaye (77), Matuidi - Lavezzi puis Cavani (63), Ibrahimovic, Pastore puis Lucas (71)
Lyon: Areola - Cioni, Modesto, Squillaci, Marange - Cahuzac (cap.), Gillet - Palmieri puis Ayité (68), Boudebouz, Danic puis Peybernes (22) - Sio puis Brandao (81).

COUPE DE FRANCE

32es de finale:
Tours bat Le Mans 3-1
Red Star bat Arles-Avignon 2-1
Brest bat Laval 1-0
Évian Thonon bat Bobigny 3-0
Reims bat Lusitanos Saint-Maur 3-1
Nantes bat Club Franciscain 4-0
Boulogne bat Sarre Union 5-4
Jura Sud bat Saint-Louis Neuweg 3-0
Andrézieux-Bouthéon bat Saint-Priest 2-0
Bressuire bat Amiens 2-1
Valenciennes bat Nice 2-0
Le Poiré-sur-Vie bat Plabennec 3-1
Avranches US bat Lorient 1 - 0
Châteauroux bat Luçon 1-0
Concarneau bat Niort 1-0
Quevilly bat Orléans 3-3 a.p. (5 ab à 3)
Croix bat Saint-Omer 5-0
Bastia bat Lille 2-0
Yzeure bat Pagny-sur-Moselle 3-1
Metz bat Épinal 2-1
Saint-Étienne bat Nancy 1-0 a.p.
Lyon bat Lens 3-2
Monaco bat Nîmes 2-0
Bordeaux bat Toulouse 2-1
Marseille Consolat bat Ajaccio 3-0
Gingamp bat Dinan-Léhon FC 3-0
Auxerre bat Strasbourg ARC 3- 0
Rennes bat Dunkerque 2-1
Cholet bat Beauvais 0-0 a.p. (6 tab à 5)
Dijon bat Caen 3-2 a.p.
Grenoble bat Marseille 3-3 a.p. (5 tab à 4)
Paris SG bat Montpellier 3-0

16es de finale:
Metz bat Avranches US 3-0 a.p.
Quevilly bat Bastia 1-1 a.p.(3 tab à 1)
Auxerre bat Jura Sud 1-0
Croix bat Andrézieux-Bouthéon 2-1
Yzeure bat Valenciennes 2-0
Concarneau bat Dijon 1-0 a.p.
Nantes bat Lyon 3-2
Monaco bat Évian-Thonon 2-0
Boulogne bat Grenoble 1-0
Saint-Étienne bat Tours 5-3 a.p.
Guingamp bat Châteauroux 2-0
Brest bat Cholet 3-1a.p.
Le Poiré-sur-Vie bat Bressuire 1-0 a.p.
Paris SG bat Bordeaux 2-1
Rennes bat Reims 1-1 a.p. (5 tab à 4)
Red Star bat Marseille Consolat 2-0

8es de finale:
Boulogne-sur-Mer bat Quevilly 2-0
Auxerre bat Le Poiré-sur-Vie 1-1 a.p. (6 tab à 5)
Concarneau bat Croix 0-0 a.p. (4 tab à 1)
Saint-Étienne bat Red Star 2-1
Guingamp bat Yzeure 3-1 a.p.
Monaco bat Rennes 3-1
Paris SG bat Nantes 2-0
Brest bat Metz 0-0 a.p. (4 tab à 3)

Quarts de finale:
Saint-Étienne bat Boulogne 1-1 a.p. (4 tab à 3)
Paris SG bat Monaco 2-0
Auxerre bat Brest 0-0 a.p. (6 tab à 2)
Guingamp bat Concarneau 2-1

Demi-finales:
Auxerre bat Guingamp 1-0
Paris SG bat Saint-Étienne 4-1

Finale:
Le 30 mai, au Stade de France
Paris SG bat Auxerre 1-0 (0-0)
Spectateurs: 78000
Arbitre: Antony Gautier
Buts: Cavani (64)
Les équipes:
Paris SG: Douchez - Van der Wiel, Thiago Silva, David Luiz, Maxwell - Verratti, Motta, Matuidi – Lucas puis Lavezzi (73), Ibrahimovic, Cavani
Auxerre: Léon - Aguilar, Puygrenier, Fontaine, Djellabi - Aït Ben Idir, Mulumba - Berthier puis Nabab (80), Sammaritano, Baby - C. Diarra

LIGUE DES CHAMPIONS

1er tour préliminaire:
HB Torshavn - Lincoln Red Imps 1-1 et 5-2
Levadia Tallinn - SP La Fiorita 1-0 et 7-0
FC Santa Coloma - Banants Erevan 1-0 et 2-3

2e tour préliminaire:
Maccabi Tel-Aviv - FC Santa Coloma 1-0 et 2-0
Sheriff Tiraspol - Sutjeska Niksic 2-0 et 3-0
Ludogorets Razgrad – Dudelange 4-0 et 1-1
Sparta Prague – Levadia Tallinn 7-0 et 1-1
Qarabag Agdam - La Vallette 1-0 et 4-0
Slovan Bratislava - The New Saints 1-0 et 2-0
Partizan Belgrade - HB Torshavn 3-0 et 3-1
BATE Borisov - Skënderbeu Korçë 0-0 et 1-1
Dinamo Zagreb - Zalgiris Vilnius 2-0et 2-0
Debrecen VSC - Cliftonville 0-0 et 2-0
Celtic Glasgow - KR Reykjavik 1-0 et 4-0
Aktobe - Dinamo Tbilissi 1-0 et 3-0
HJK Helsinki - Rabotnicki Skopje 0-0 et 2-1
Malmö FF - FK Ventspils 0-0 et 1-0
Steaua Bucarest - Strömsgodset IF 1-0 et 2-0
Maribor - Zrinjski Mostar 0-0 et 2-0
Legia Varsovie - St. Patricks Athletic 1-1 et 5-0

3e tour préliminaire:
BATE Borisov - Debrecen VSC 0-1 et 3-1
Standard de Liège – Panathinaïkos 0-0 et 2-1
Maribor – Maccabi Tel-Aviv 1-0 et 2-2
Lille - Grasshopper Zurich 2-0 et 1-1
Zénith St-Petersbourg - AEL Limassol 0-1 et 3-0
APOEL Nicosie - HJK Helsinki 2-2 et 2-0
Malmö - Sparta Prague 2-0 et 2-4
Slovan Bratislava - FC Sheriff 0-0 et 2-1
Steaua Bucarest - FK Aktobe 2-1 et 2-2
Besiktas - Feyenoord Rotterdam 3-1 et 2-1
Copenhague - Dniepropetrovsk 2-0 et 0-0
FC Salzbourg - Qarabag 2-0 et 1-2
Ludogorets Razgrad – Partizan Belgrade 2-2 et 0-0
Aalborg - Dinamo Zagreb 2-0 et 0-1
Legia Varsovie - Celtic Glasgow 2-0 et 4-1

Barrages:
Zenit St-Pétersbourg - Standard Liège 1-0 et 3-0
BATE Borisov - Solvan Bratislava 1-1 et 3-0
FC Porto - Lille 1-0 et 2-0
Maribor - Celtic Glasgow 1-1 et 1-0
Apoel FC - Aalborg 1-1 et 4-0
Malmö - Salzbourg 1-2 et 3-0
Ludogorets - Steaua Bucarest 0-1 et 1-0 (6 tab à 5)
Arsenal - Besiktas 0-0 et 1-0
Bayer Leverkusen - FC Copenhague 3-2 et 4-0
Athletic Bilbao - Naples 1-1 et 3-1

PHASE DE GROUPES
GROUPE A:
Olympiakos - Atlético Madrid 3-2
Juventus Turin - Malmö 2-0
Malmö - Olympiakos 2-0
Atlético Madrid - Juventus Turin 1-0
Atlético Madrid - Malmö 5-0
Olympiakos - Juventus Turin 1-0
Malmö - Atlético Madrid 0-2
Juventus Turin - Olympiakos 3-2
Atlético Madrid - Olympiakos 4-0
Malmö - Juventus Turin 0-2
Olympiakos - Malmö 4-2
Juventus Turin - Atlético Madrid 0-0

Classement	Pts	J	G	N	P	BP	BC	Diff
1. Atlético Madrid	13	6	4	1	1	14	3	11
2. Juventus Turin	10	6	3	1	2	7	4	3
3. Olympiakos	9	6	3	0	3	10	13	-3
4. Malmö FF	3	6	1	0	5	4	15	-11

GROUPE B:
Liverpool - Ludogorets 2-1
Real Madrid - FC Bâle 5-1
FC Bâle - Liverpool 1-0
Ludogorets - Real Madrid 1-2
Ludogorets - FC Bâle 1-0
Liverpool - Real Madrid 0-3
FC Bâle - Ludogorets 4-0
Real Madrid - Liverpool 1-0
Ludogorets - Liverpool 2-2
FC Bâle - Real Madrid 0-1
Liverpool - FC Bâle 1-1
Real Madrid - Ludogorets 4-0

Classement	Pts	J	G	N	P	BP	BC	Diff
1. Real Madrid	18	6	6	0	0	16	2	14
2. FC Bâle	7	6	2	1	3	7	8	-1
3. Liverpool	5	6	1	2	3	5	9	-4
4. Ludogorets	4	6	1	1	4	5	14	-9

> Résultats

GROUPE C:
Monaco - Bayer Leverkusen 1-0
Benfica - Zenit Saint-Petersbourg 0-2
Zenit Saint-Petersbourg - **Monaco** 0-0
Bayer Leverkusen - Benfica 3-1
Bayer Leverkusen - Zenit Saint-Petersbourg 2-0
Monaco - Benfica 0-0
Zenit Saint-Petersbourg - Bayer Leverkusen 1-2
Benfica - **Monaco** 1-0
Zenit Saint-Petersbourg - Benfica 1-0
Bayer Leverkusen - **Monaco** 0-1
Monaco - Zenit Saint-Petersbourg 2-0
Benfica - Bayer Leverkusen 0-0

Classement	Pts	J	G	N	P	BP	BC	Diff
1. Monaco	11	6	3	2	1	4	1	3
2. Bayer Leverkusen	10	6	3	1	2	7	4	3
3. Zenit Saint-Pétersbourg	7	6	2	1	3	4	6	-2
4. Benfica	5	6	1	2	3	2	6	-4

> Le 16 septembre, à Monaco
Monaco bat Bayer Leverkusen 1-0 (0-0)
8130 spectateurs
Arbitre: M. Kralovec (CZE)
But: Moutinho (61)
Les équipes:
Monaco: Subasic – Fabinho, Raggi, Carvalho puis Wallace (90+4), Kurzawa – Toulalan (cap), Moutinho, Kondogbia – Ferreira Carrasco puis Dirar (86), Ocampos puis B. Silva (57), Berbatov
Bayer Leverkusen: Lenno – Jedvaj puis Dopnati (65), Toprak puis Reinartz (71), Spahic, Boenisch – Bender puis Drmic (76), Castro, Bellarabi, Calhanoglu, Son – Kiessling (cap)

> Le 1er octobre, à Saint-Pétersbourg
Saint-Pétersbourg et Monaco 0-0
18000 spectateurs
Arbitre: M. Clattenburg (ENG)
Les équipes:
Saint-Pétersbourg: Lodygin - Anyukov puis Arshavin (88), Garay, Lombaerts, Criscito - Hulk, Javi Garcia, Shatov puis Smolnikov (66), Fayzulin, Danny (cap) - Rondon puis Kerzhakov (75)
Monaco : Subasic - Fabinho, Raggi, Ricardo Carvalho, Kurzawa - Moutinho puis Bakayoko (90 + 2), Toulalan (cap), Kondogbia - Dirar, Berbatov puis Ferreira-Carrasco (52), Ocampos puis Germain (79)

> Le 22 octobre, à Monaco
Monaco et Benfica 0-0
10000 spectateurs
Arbitre: S. Marciniak (POL)
Exclusion: López (75) pour Benfica
Les équipes:
Monaco: Subasic - Fabinho, Raggi, Ricardo Carvalho, Kurzawa – Moutinho, Toulalan (cap), Kondogbia - Dirar, Berbatov puis Martial (34), Ocampos puis Ferreira-Carrasco (62)
Benfica: Artur - Maxi Pereira, Luisao (cap), López, Eliseu - Pérez puis Samaris (88), André Almeida, Gaitan puis Cesar (79) - Salvio, Lima, Talisca puis Bébé (68)

> Le 4 novembre, à Lisbonne
Benfica bat Monaco 1-0 (0-0)
30000 spectateurs
Arbitre: D. Fernández (ESP)
But: Talisca (82)
Les équipes:
Benfica: Julio Cesar - Maxi Pereira, Luisao (cap), Jardel, André Almeida - Salvio, Samaris puis Lima (62), Pérez - Derley puis Cristante (86), Gaitan puis Bébé (90+1), Talisca
Monaco: Subasic - Fabinho, Raggi, Ricardo Carvalho, Kurzawa - Moutinho, Toulalan (cap), Kondogbia puis Germain (86) - Ferreira-Carrasco, Traoré puis Martial (72), Ocampos puis Dirar (63)

> Le 26 novembre, à Leverkusen
Monaco bat Bayer Leverkusen 1-0 (0-0)
26000 spectateurs
Arbitre: P.Tagliavento (ITA)
But: Ocampos (72)
Les équipes:
Bayer Leverkusen: Leno - Donati, Toprak, Spahic, Wendell - Bellarabi puis Brandt (77), L. Bender (cap) puis Rolfes (76), Castro, Son Heung-min puis Drmic (59) - Calhanoglu, Kiessling
Monaco: Subasic - Raggi, Ricardo Carvalho, Abdennour, Echiejile - Moutinho, Toulalan (cap), Bakayoko - Dirar puis Fabinho (83), Berbatov puis Traoré (90), Ferreira-Carrasco puis Ocampos (70)

> Le 9 décembre, à Monaco
Monaco bat Saint-Pétersbourg 2-0 (0-0)
11319 spectateurs
Arbitre: D. Skomina
Buts: Abdennour (63), Fabinho (89)
Les équipes:
Monaco: Subasic - Fabinho, Wallace, Abdennour, Raggi - Bakayoko, Toulalan (cap), Moutinho - Dirar , Berbatov puis Martial (56), Ferreira-Carrasco puis Ocampos (90+2)
Saint-Pétersbourg: Lodygin - Smolnikov puis Ryazantsev (79), Garay, Lombaerts, Criscito - Hulk, Fayzulin puis Shatov (69), Danny (cap), Javi Garcia, Witsel - Rondon

GROUPE D:
Galatasaray - Anderlecht 1-1
Dortmund - Arsenal 2-0
Arsenal - Galatasaray 4-1
Anderlecht - Dortmund -3
Anderlecht - Arsenal 1-2
Galatasaray - Dortmund 0-4
Arsenal - Anderlecht 3-3
Dortmund - Galatasaray 4-1
Anderlecht - Galatasaray 2-0
Arsenal - Dortmund 2-0
Galatasaray - Arsenal 1-4
Dortmund - Anderlecht 1-1

Classement	Pts	J	G	N	P	BP	BC	Diff
1. Dortmund	13	6	4	1	1	14	4	10
2. Arsenal	13	6	4	1	1	15	8	7
3. Anderlecht	6	6	1	3	2	8	10	-2
4. Galatasaray	1	6	0	1	5	4	19	-15

GROUPE E:
AS Rome - CSKA Moscou 5-1
Bayern Munich - Manchester City 1-0
CSKA Moscou- Bayern Munich 0-1
Manchester City- AS Rome 1-1
CSKA Moscou - Manchester City 2-2
AS Rome - Bayern Munich 1-7
Manchester City - CSKA Moscou 1-2
Bayern Munich - AS Rome 2-0
CSKA Moscou - AS Rome 1-1
Manchester City - Bayern Munich 3-2
AS Rome - Manchester City 0-2
Bayern Munich - CSKA Moscou 3-0

Classement	Pts	J	G	N	P	BP	BC	Diff
1. Bayern Munich	15	6	5	0	1	16	4	12
2. Manchester City	8	6	2	2	2	9	8	1
3. AS Rome	5	6	1	2	3	8	14	-6
4. CSKA Moscou	5	6	1	2	3	6	13	-7

GROUPE F:
FC Barcelone - Apoel Nicosie 1-0
Ajax Amsterdam - **Paris SG** 1-1
Paris SG - FC Barcelone 3-2
Apoel Nicosie - Ajax Amsterdam 1-1
Apoel Nicosie - **Paris SG** 0-1
FC Barcelone- Ajax Amsterdam 3-1
Paris SG - Apoel Nicosie 1-0
Ajax Amsterdam - FC Barcelone 0-2
Apoel Nicosie - FC Barcelone 0-4
Paris SG - Ajax Amsterdam 3-1
FC Barcelone - **Paris SG** 3-1
Ajax Amsterdam - Apoel Nicosie 4-0

Classement	Pts	J	G	N	P	BP	BC	Diff
1. FC Barcelone	15	6	5	0	1	15	5	10
2. Paris SG	13	6	4	1	1	10	7	3
3. Ajax Amsterdam	5	6	1	2	3	8	10	-2
4. Apoel Nicosie	1	6	0	1	5	1	12	-11

> Le 17 septembre, à Amsterdam
Ajax Amsterdam et Paris SG 1-1 (0-1)
50430 spectateurs
Arbitre: W. Stark (GER)
Buts: Schöne (74) pour Ajax Amsterdam, Cavani (14) pour Paris SG
Les équipes:
Ajax Amsterdam: Cillessen - Van Rhijn, Veltman, Moisander (cap), Boilesen - Klaassen, Viergever puis Zimling (46), Serero - Schöne puis Milik (82), Sigthórsson puis El-Ghazi (61), Andersen
Paris SG: Sirigu - van der Wiel, Marquinhos, David Luiz, Maxwell - Verratti puis Pastore (81), Thiago Motta, Matuidi - Lucas puis Lavezzi (81), Ibrahimovic (cap), Cavani

> Le 30 septembre, au Parc des Princes
Paris SG bat FC Barcelone 3-2 (2-1)
46400 spectateurs
Arbitre: N. Rizzoli (ITA)
Buts: David Luiz (10), Verratti (26), Matuidi (54) pour Paris SG, Messi (11), Neymar (56) pour FC Barcelone
Les équipes:
Paris SG: Sirigu - van der Wiel, Marquinhos, David Luiz, Maxwell - Verratti puis Cabaye (71), Thiago Motta (cap), Matuidi - Lucas puis Bahebeck (90 +1), Cavani, Pastore puis Chantôme (86)
FC Barcelone: Ter Stegen - Dani Alves puis Ramírez (83), Mascherano, Mathieu, Alba - Rakitic (Xavi 69), Busquets, Iniesta (cap) - Pedro puis El Haddadi (62), Messi, Neymar

> Le 21 octobre, à Nicosie
Paris SG bat APOEL Nicosie 1-0 (0-0)
18659 spectateurs
Arbitre: O. Hategan (ROM)
But: Cavani (87)
Les équipes:
APOEL Nicosie: Urko - Mario Sergio, Guilherme, Carlao, Antoniadis puis Riise (41) - T.F. Gomes, Vinicius, Nuno Morais (cap) puis De Vincenti (80), Efrem - Manduca, Sheridan puis Djebbour (67)
Paris SG: Sirigu - van der Wiel, Thiago Silva (cap), David Luiz, Maxwell - Verratti puis Bahebeck (70), Thiago Motta, Matuidi - Lucas puis Chantôme (89), Cavani, Pastore puis Cabaye (70)

> Le 5 novembre, au Parc des Princes
Paris SG bat APOEL Nicosie 1-0 (1-0)
45116 spectateurs
Arbitre: O. Benquerença (POR)
But: Cavani (1)
Les équipes:
Paris SG: Sirigu - van der Wiel, Thiago Silva (cap), David Luiz, Maxwell - Pastore, Thiago Motta, Matuidi - Lucas puis Cabaye (86), Cavani, Lavezzi puis Bahebeck (78)
APOEL Nicosie: Urko - Mario Sergio, Guilherme, Carlao, Ioannou - T. F. Gomes puis Sheridan (46), Nuno Morais (cap), Vinicius, Efrem - Djebbour puis Aloneftis (64), Manduca puis De Vincenti (59)

> Le 25 novembre, au Parc des Princes
Paris SG bat Ajax Amsterdam 3-1 (1-0)
45000 spectateurs
Arbitre: M. Jug (SLO)
Buts: Cavani (33, 83), Ibrahimovic (78) pour Paris SG, Klaassen (67)
Les équipes:
Paris SG: Sirigu - van der Wiel, Marquinhos, David Luiz, Maxwell - Pastore, Rabiot puis Chantôme (75), Matuidi - Cavani, Ibrahimovic (cap) puis Digne (86), Lavezzi puis Lucas (68)
Ajax Amsterdam: Cillessen - Van Rhijn, Mike van der Hoorn, Denswil, Boilesen (cap) puis Viergever (10) - Klaassen, Serero puis Zimling (69), Andersen - Schöne, Milik, Kishna

> Le 10 décembre, à Barcelone
FC Barcelone bat Paris SG 3-1 (2-1)
82570 spectateurs
Arbitre: M. Atkinson (ENG)
Buts: Messi (19), Neymar (41), Suarez (77) pour FC Barcelone, Ibrahimovic (15) pour Paris SG
Les équipes:
FC Barcelone: Ter Stegen - Bartra puis Adriano (90+2), Piqué, Mascherano, Mathieu - Pedro puis Rakitic (68), Busquets, Messi - Iniesta (cap) puis Xavi (73) - Suarez, Neymar
Paris SG: Sirigu - van der Wiel, Thiago Silva (cap), David Luiz, Maxwell - Verratti puis Pastore (62), Thiago Motta, Matuidi puis Lavezzi (75) - Lucas, Ibrahimovic, Cavani

GROUPE G:
Chelsea - Schalke 04 1-1
Maribor - Sporting Portugal 1-1
Sporting Portugal - Chelsea 0-1
Schalke 04 - Maribor 1-1
Schalke 04 - Sporting Portugal 4-3
Chelsea - Maribor 6-0
Sporting Portugal - Schalke 04 4-2
Maribor - Chelsea 1-1
Schalke 04 - Chelsea 0-5
Sporting Portugal - Maribor 3-1
Chelsea - Sporting Portugal 3-1
Maribor - Schalke 04 0-1

Classement	Pts	J	G	N	P	BP	BC	Diff
1. Chelsea	14	6	4	2	0	17	3	14
2. Schalke 04	8	6	2	2	2	9	14	-5
3. Sporting Portugal	7	6	2	1	3	12	12	0
4. Maribor	3	6	0	3	3	4	13	-9

GROUPE H
FC Porto - BATE Borisov 6-0
Athletic Bilbao - Shakhtar Donetsk 0-0
Shakhtar Donetsk - FC Porto 2-2
BATE Borisov - Athletic Bilbao 2-1
BATE Borisov - Shakhtar Donetsk 0-7
FC Porto- Athletic Bilbao 2-1

Shakhtar Donetsk - BATE Borisov 5-0
Athletic Bilbao - FC Porto 0-2
BATE Borisov - FC Porto 0-3
Shakhtar Donetsk - Athletic Bilbao 0-1
FC Porto - Shakhtar Donetsk 1-1
Athletic Bilbao - BATE Borisov 2-0

Classement	Pts	J	G	N	P	BP	BC	Diff
1. FC Porto	14	6	4	2	0	16	4	12
2. Shakhtar Donetsk	9	6	2	3	1	15	4	11
3. Athletic Bilbao	7	6	2	1	3	5	6	-1
4. BATE Borisov	3	6	1	0	5	2	24	-22

Les deux premiers de chaque groupe qualifiés pour les 8es de finale, le troisième reversé en Europa League

8e de finale:
Real Madrid - Schalke 04 2-0 et 3-4
FC Porto - FC Bâle 1-1 et 4-0
Paris SG - Chelsea-1-1 et 2-2
B. Munich – Shakthar Donetsk 0-0 et 7-0
Monaco - Arsenal 3-1 et 0-2
Atlético Madrid - Bayer Leverkusen 0-1 et 1-0 (3 tab à 2)
FC Barcelone - Manchester City 2-1 et 1-0
Juventus Turin - Borussia Dortmund 2-1 et 3-0

> Le 17 février au Parc des Princes
Paris SG et Chelsea 1-1 (0-1)
45 000 spectateurs
Arbitre: C. Çakir (TUR)
Buts: Cavani (54) pour Paris SG, Ivanovic (36) pour Chelsea
Les équipes:
Paris SG: Sirigu - van der Wiel, Marquinhos, Thiago Silva (cap), Maxwell - Verratti, David Luiz, Matuidi - Lavezzi puis Pastore (81), Ibrahimovic, Cavani
Chelsea: Courtois - Ivanovic, Cahill, Terry (cap), Azpilicueta - Willian puis Cuadrado (79), Ramires, Fabregas puis Oscar (83), Matic, E. Hazard - Diego Costa puis Rémy (81)

> Le 11 mars, à Londres
Chelsea et Paris SG 2-2 a.p. (0-0, 1-1, 2-1)
37 692 spectateurs
Arbitre: B. Kuipers (NED)
Buts: Cahill (81), E. Hazard (96 s.p.) pour Chelsea, David Luiz (86), Thiago Silva (114) pour Paris SG
Exclusion: Ibrahimovic (31) pour Paris SG
Les équipes:
Chelsea: Courtois - Ivanovic, Cahill, Terry (cap), Azpilicueta - Ramires puis Drogba (91), Fabregas, Oscar puis Willian (46), Matic puis Zouma (84), E. Hazard - Diego Costa
Paris SG: Sirigu - Marquinhos, Thiago Silva (cap), David Luiz, Maxwell - Verratti puis Lavezzi (82), Thiago Motta, Matuidi puis Rabiot (82) - Cavani, Ibrahimovic, Pastore puis van der Wiel (118)

> Le 25 février, à Londres
Monaco bat Arsenal 3-1 (1-0)
59 868 spectateurs
Arbitre: D. Aytekin (GER)
Buts: Oxlade-Chamberlain (90+1) pour Arsenal, Kondogbia (38), Berbatov (53), Ferreira-Carrasco (90+4) pour Monaco
Les équipes:
Arsenal: Ospina - Bellerín, Mertesacker (cap), Koscielny, Gibbs - Welbeck, Coquelin puis Oxlade-Chamberlain (68), Özil, Cazorla puis Rosicky (81), Sanchez - Giroud puis Walcott (60)
Monaco: Subasic - Touré, Wallace, Abdennour, Echiejile - Dirar (cap) puis Kurzawa (82), Fabinho, Moutinho, Kondogbia, Martial - Berbatov puis Ferreira-Carrasco (75)

> Le 17 mars, à Monaco
Arsenal bat Monaco 2-0 (1-0)
15 000 spectateurs
Arbitre: S. Moen (NOR)
Buts: Arsenal: Giroud (36), Ramsey (79)
Les équipes:
Monaco: Subasic - Fabinho, Wallace, Abdennour, Kurzawa - Dirar puis Echiejile (86), Toulalan (cap), Moutinho , Kondogbia, Martial puis Ferreira-Carrasco (60) - Berbatov
Arsenal: Ospina - Bellerín, Mertesacker (cap), Koscielny, Monreal puis Gibbs (83) - Sanchez, Coquelin puis Ramsey (63), Özil, Cazorla, Welbeck puis Walcott (72) - Giroud

Quarts de finale :
Bayern Munich – FC Porto 1-3 et 6-1
FC Barcelone – **Paris SG** 3-1 et 2-0
Juventus Turin – **Monaco** 1-0 et 0-0
Real Madrid – Atletico Madrid 0-0 et 1-0

> Le 14 avril, à Turin
Juventus bat Monaco 1-0 (0-0)
41 000 spectateurs
Arbitre: P. Královec (CZE)
But: Vidal (57 s.p.)
Les équipes:
Juventus: Buffon (cap) - Lichtsteiner, Bonucci, Chiellini, Evra - Marchisio, Pirlo puis Barzagli (74), Pereyra puis Sturaro (87) - Vidal - Tevez, Álvaro Morata puis Matri (83)
Monaco: Subasic - Raggi (cap) puis Berbatov (71), Ricardo Carvalho, Abdennour, Kurzawa - Moutinho , Fabinho, Kondogbia - Dirar , Martial puis Matheus Carvalho (87), Ferreira-Carrasco

> Le 22 avril, à Monaco
Monaco et Juventus 0-0
16 889 spectateurs
Arbitre : M. Collum (SCO)
Les équipes :
Monaco : Subasic - Fabinho, Raggi, Abdennour, Kurzawa - Toulalan (cap.) puis Berbatov, (46), Kondogbia - Silva, Moutinho, Ferreira Carrasco puis Matheus Carvalho (87) - Martial.
Juventus: Buffon (cap.) - Barzagli, Bonucci, Chiellini - Lichtsteiner, Marchisio, Pirlo, Vidal puis Pereyra (77), Evra puis Padoin (90) - Tevez, Morata puis Llorente (69).

> Le 15 avril, au Parc des Princes
FC Barcelone bat Paris SG 3- 1 (1-0)
46 000 spectateurs
Arbitre: M. Clattenburg (ENG)
Buts: van der Wiel (82) pour Paris SG, Neymar (18), Suarez (67, 79) pour Barcelone
Les équipes:
Paris SG: Sirigu - van der Wiel, Thiago Silva (cap) puis David Luiz (21), Marquinhos, Maxwell - Rabiot puis Lucas (65), Cabaye, Matuidi - Lavezzi, Cavani, Pastore
FC Barcelone: Ter Stegen - Montoya puis Adriano (80), Piqué, Mascherano, Alba - Rakitic puis Mathieu (74), Busquets, Iniesta (cap) puis Xavi (53) - Messi, Suarez, Neymar

> Le 21 avril, à Barcelone
FC Barcelone bat Paris SG 2-0 (2-0)
84 477 spectateurs
Arbitre: S. Moen (NOR)
Buts: Neymar (14, 34)
Les équipes:
FC Barcelone: Ter Stegen - Dani Alves, Piqué, Mascherano, Alba - Rakitic, Busquets puis Roberto (55), Iniesta (cap) puis Xavi (46) - Messi, Suarez puis Pedro (75), Neymar
Paris SG: Sirigu - van der Wiel, Marquinhos, David Luiz, Maxwell - Cabaye puis Lucas (66), Verratti, Pastore - Matuidi puis Rabiot (80) - Ibrahimovic (cap), Cavani puis Lavezzi (80)

Demi-finales:
FC Barcelone – Bayern Munich 3-0 et 2-3
Juventus Turin – Real Madrid 2-1 et 1-1

Finale:
Le 6 juin, à Berlin
FC Barcelone bat Juventus Turin 3-1 (1-0)
70 500 spectateurs
Arbitre: C. Çakir (TUR).
Buts: Rakitic (4), Suarez (68), Neymar (90+7) pour Barcelone, Alvaro Morata (55) pour la Juventus
Les équipes:
FC Barcelone: Ter Stegen - Dani Alves, Piqué, Mascherano, Alba - Rakitic puis Mathieu (90+1), Busquets, Iniesta (cap) puis Xavi (78) - Messi, Suarez puis Pedro (90+6), Neymar
Juventus Turin: Buffon (cap) - Lichtsteiner, Barzagli, Bonucci, Evra puis Coman (89) - Marchisio, Pirlo, Vidal puis Pereyra (79) - Pogba - Tevez, Álvaro Morata puis Llorente (85).

EUROPA LEAGUE

1er tour préliminaire:
Linfield FC - B36 Torshavn 2-1 et 1-1
FC Astana - FC Pyunik 4-1 et 2-0
RNK Split - FC Mika 2-0 et 1-1
FC Shakhter Karagandy - FC Shirak 2-1 et 4-0
Vikingur - Daugava Daugavpils 2-1 et 1-1
FK Buducnost Podgorica - S.S.Folgore 2-1 et 3-0
FK Zeljeznicar - FK Lovcen 0-0 et 1-0
Crusaders - FK Ekranas 3-2 et 2-1
Laçi - NK Rudar Velenje 1-1 et 1-1 (3 tab à 2)
FK Atlantas - Differdange 0-1 et 3-1
FC Chikhura Sachkhere - FK Turnovo 1-0 et 3-1
Zimbru Chisinau - FK Shkendija 1-2 et 2-0
Flamurtari - Sioni Bolnisi 3-2 et 1-2
FC Inter Baki - Tiraspol 3-2 et 3-1
Spartak Trnava - Hibernians FC 4-2 et 5-0
FK Cukaricki - UE Sant Julia 4-0 et 0-0
FC Koper - FK Celik Niksic 5-0 et 4-0
JK Nõmme Kalju - Fram 1-0 et 2-2
NK Siroki Brijeg - Gabala SC 2-0 et 3-0
Diosgyori VTK - Birkirkara FC 2-1 et 4-1
Vaduz - College Europa FC 3-0 et 1-0
PFC Litex Lovech - FC Veris Chisinau 0-0 et 3-0
Metalurg Skopje - 11 UE Santa Coloma 3-0 et 2-0
Kairat Almaty - FK Kukësi 1-0 et 0-0
FK Buducnost Podgorica - S.S. Folgore 2-1 et 3-0
PFC Botev Plovdiv - A.C. Libertas 4-0 et 2-0
IF Brommapojkarna - VPS Vaasa 1-2 et 2-0
JK Nõmme Kalju - Fram 1-0 et 2-2
Rosenborg BK - FK Jelgava 4-0 et 2-0
Derry City FC - Aberystwyth Town FC 4-0 et 5-0
Aberdeen FC - FK Daugava Riga 5-0 et 3-0
Tromso IL - Tartu FC Santos 7-0 et 6-1
Stjarnan - Bangor City FC 4-0 et 4-0
Myllykosken Pallo 47 - IF Fuglafjordur 1-0 et 0-0
Hafnarfjrdar - Glenavon 3-0 et 3-2
Ferencvaros - Sliema Wanderers FC 1-1 et 2-1
JK Sillamae Kalev - FC Honka Espoo 2-1 et 2-3 a.p.
Sligo Rovers FC - FK Banga 0-0 et 4-0
IFK Göteborg - CS Fola Esch 0-0 et 2-0
FK Haugesund - AUK Broughton FC 1-1 et 2-1
Dundalk - Jeunesse Esch 2-0 et 3-1

2e tour préliminaire:
Metalurg Skopje - FK Zeljenicar 2-2 et 0-0
FC Shakhter Karagandy - FK Atlantas 0-0 et 3-0
RNK Split - Hapoël Beer Sheva 2-1 et 0-0
Dinamo Minsk - Myllykosken Pallo-47 3-0 et 0-0
Sarajevo - Haugesund 0-1 et 3-1
Omonia Nicosie - Buducnost Podgorica 2-0 et 0-0
Krasnodar - JK Sillamae Kalev 4-0 et 5-0
Elfsborg - Inter Baki 0-1 et 1-0 a.p. (4 tab à 0)
Esbjerg - Kairat Almaty 1-1 et 1-0
Zimbru Chisinau - CSKA Sofia (BUL) 1-1 et 0-0
Chakhtyor Soligorsk - Derry City 1-0 et 5-1
Ruch Chorzow - Vaduz 3-2 et 0-0
Astana - Hapoël Tel Aviv 3-0 et 0-1
Göteborg - Györ 3-0 et 0-1
Liberec – Kosice1-0 et 3-0
Vikingur - Tromsö 0-0 et 2-1
Petrolul Ploiesti - Flamurtari 2-0 et 3-1
Grödig - FK Cukaricki 4-0 et 1-2
Lech Poznan - Kalju 0-1 et 3-0
FC Chikhura - Bursaspor 0-0 et 0-0 a.p. (4 tab à 1)
AIK - Linfield 0-1 et 2-0
Zorya - Laçi 3-0 et 2-1
Aberdeen - FC Groningue 0-0 et 2-1
Spartak Trnava - Zestafoni 0-0 et 3-0
Rosenborg - Sligo Rovers 1-2 et 3-1
Zulte Waregel - Zawisza Bydgoszcz 2-1 et 3-1
Asteras - RoPS Rovaniemi 1-1 et 4-2
Trencin - FK Vojvodina 4-0 et 0-3
Hajduk Split - Dundalk 2-0 et 1-2
Mlada Boleslav - Siroki Brijeg 2-1 et 4-0
Rijeka - Ferencvaros 1-0 et 2-1
DiosgyORI VTK - Litex Lovech 2-0 et 1-2
Neftçi - Koper 1-2 et 2-0
CFR Cluj - Jagodina 0-0 et 1-0
Molde - Gorica 4-1 et 1-1
IF Brommapojkarna - Crusaders FC 4-0 et 1-1
Saint-Johnstone - FC Lucerne 1-1 et 1-1 a.p. (5 tab à 4)
St Pölten - Botev Plovdiv 1-2 et 2-0
FH Hafnarfjördur - FC Neman 1-1 et 2-0
Stjarnan - Motherwell 2-2 et 3-2

3e tour préliminaire:
Young Boys - Ermis Aradippou 1-0 et 2-0
RNK Split - Chornomorets Odessa 2-0 et 0-0
FK Krasnodar - Diósgyori VTK 5-1 et 3-0
Zarya Louhansk - Molde 1-1 et 2-1
FC Astra - Slovan Liberec 3-0 et 3-2
Ruch Chorzow - Esbjerg fB 0-0 et 2-2
Karabukspor - Rosenborg 0-0 et 1(1
PSV Eindhoven - SKN Sankt Pölten 1-0 et 3-2
Stjarnan - Lech Poznan 1-0 et 0-0
Astana - AIK 1-1 et 3-0
Shakhtyor - Zulte-Waregem 5-2 et 2-2
Dinamo Moscou - Hapoël Ironi 1-1 et 2-1
Neftchi - Chikhura Sachkhere 0-0 et 3-2
Spartak Trnava - Saint Johnstone 2-1 et 1-1
Dynamo Minsk - CFR Cluj 1-0 et 2-0
Hajduk Split - Shakthyor Karagandy 2-4 et 3-0
FK Sarajevo – Atromitos 1-2 et 3-1 a.p.

Petrolul Ploiesti - Viktoria Plzen 1 - 1 et 4 - 1
FC Bruges - Bröndby 3 - 0 et 2 - 0
Asteras Tripolis - Mayence 0 - 1 et 3 - 1
Lyon - Mlada Boleslav 4 - 1 et 2 - 1
Hull City - AS Trencin 0 - 0 et 2 - 1
Torino - Brommapojkarna 3 - 0 et 4 - 0
IF Elsborg - FH Hafnarfjördur 4 - 1 et 1 - 2
Omonia Nicosie - Metalurg Skoplje 3 - 0 et 1 - 0
Real Sociedad - Aberdeen 2 - 0 et 3 - 2
Rio Ave - IFK Göteborg 1 - 0 et 0 - 0
Zimbru Chisinau - SV Grödig 2 - 1 et 0 - 1
Rijeka - Vikingur 5 - 1 et 4 - 0

Barrage :
Apolon - Lokomotiv Moscou 1 - 1 et 4 - 1
Metalist Kharkov - Ruch 0 - 0 et 1 - 0 a.p.
Dynamo Moscou - Omonia 2 - 2 et 2 - 1
FC Krasnodar - Real Sociedad 0 - 1 et 3 - 0
Partizan Belgrade - Neftçi 3 - 2 et 2 - 1
PAOK Salonique - Zimbru Chisinau 0 - 1 et 4 - 0
FC Astra - **Lyon** 2 - 1 et 0 - 1
Dniepropetrovsk - Hajduk Split 2 - 1 et 0 - 0
PSV Eindhoven - Shakhtyor Karagandy 1 - 0 et 2 - 0
Trabzonspor – Rostov 2 - 0 et 0 - 0
Rijeka - FC Sheriff Tiraspol 1 - 0 et 3 - 0
Qarabag - Twente 0 - 0 et 1 - 1
Asteras - Maccabi Tel-Aviv 2 - 0 et 1 - 3
Panathinaïkos - Midtjylland 4 - 1 et 2 - 1
Feyernoord - Zorya 1 - 1 et 4 - 3
Young Boys – Debrecen 3 - 1 et 0 - 0
Sparta Prague - Zwolle 1 - 1 et 3 - 1
FC Zürich - Spartak Trnava 3 - 1 et 1 - 1
HJK Helsinki - Rapid Vienne 2 - 1 et 3 - 3
Torino – Split 0-0 et 1-0
Saint-Étienne - Karabükspor 1 - 0 et 0-1 a.p. (4 tab à 3)
Inter Milan - Stjarnan 3 - 0 et 6 - 0
Villarreal - Astana 3 - 0 et 4 - 0
Dynamo Minsk - CD National 2 - 0 et 3 - 2
Lokeren - Hull City 1 - 0 et 1 - 0
Mönchengladbach – Sarajevo 3 - 2 et 7 - 0
Tottenham - AEL Limassol 2 - 1 et 3 - 0
Legia Varsovie - Aktobe 1 - 0 et 2 - 0
Dinamo Zagreb - Petrolul 3 - 1 et 2 - 1
Club Brugeois - Grasshopper Zurich 2 - 1 et 1 - 0
Elfsborg - Rio Ave 2 - 1 et 0 - 1

PHASE DE GROUPES
GROUPE A :
Apollon Limassol - FC Zurich 3 - 2
Mönchengladbach - Villarreal 1 - 1
Villarreal - Apollon Limassol 4 - 0
FC Zurich - Mönchengladbach 1-1
Mönchengladbach - Apollon Limassol 5 - 0
Villarreal - FC Zurich 4 - 1
Apollon Limassol - Mönchengladbach 0 - 2
FC Zurich - Villarreal 3 - 2
FC Zurich - Apollon Limassol 3 - 1
Villarreal - Mönchengladbach 2 - 2
Apollon Limassol - Villarreal 0 - 2
Mönchengladbach - FC Zurich 3 - 0

Classement	Pts	J	G	N	P	BP	BC	Diff
1. Mönchengladbach	12	6	3	3	0	14	4	10
2. Villarreal	11	6	3	2	1	15	7	8
3. FC Zurich	7	6	2	1	3	10	14	-4
4. Apollon Limassol	3	6	1	0	5	4	18	-14

GROUPE B :
FC Copenhague - HJK Helsinki 2 - 0
FC Bruges - Torino 0 - 0
HJK Helsinki - FC Bruges 0 - 3
Torino - FC Copenhague 1 - 0
FC Bruges - FC Copenhague 1 - 1
Torino - HJK Helsinki 2 - 0
HJK Helsinki - Torino 2 - 1
FC Copenhague - FC Bruges 0 - 4
HJK Helsinki - FC Copenhague 2 - 1
Torino - FC Bruges 0 - 0
FC Copenhague - Torino 1 - 5
FC Bruges - HJK Helsinki 2 - 1

Classement	Pts	J	G	N	P	BP	BC	Diff
1. FC Bruges	12	6	3	3	0	10	2	8
2. Torino	11	6	3	2	1	9	3	6
3. HJK Helsinki	6	6	2	0	4	5	11	-6
4. FC Copenhague	4	6	1	1	4	5	13	-8

GROUPE C :
Besiktas - Asteras Tripolis 1 - 1
Partizan Belgrade - Tottenham 0 - 0
Asteras Tripolis - Partizan Belgrade 2 – 0
Tottenham - Besiktas 1 - 1
Partizan Belgrade - Besiktas 0 - 4
Tottenham - Asteras Tripolis 5 – 1
Besiktas - Partizan Belgrade 2 - 1
Asteras Tripolis - Tottenham 1 - 2
Asteras Tripolis - Besiktas 2 - 2
Tottenham - Partizan Belgrade 1 - 0
Besiktas - Tottenham 1 - 0
Partizan Belgrade - Asteras Tripolis 0 - 0

Classement	Pts	J	G	N	P	BP	BC	Diff
1. Besiktas	12	6	3	3	0	11	5	6
2. Tottenham	11	6	3	2	1	9	4	5
3. Asteras Tripolis	6	6	1	3	2	7	10	-3
4. Partizan Belgrade	2	6	0	2	4	1	9	-8

GROUPE D :
Dinamo Zagreb - FC Astra 5 - 1
Salzbourg - Celtic Glasgow 2 - 2
Celtic Glasgow - Dinamo Zagreb 1 - 0
FC Astra - Salzbourg 1-2
Salzbourg - Dinamo Zagreb 4 - 2
Celtic Glasgow - FC Astra 2 - 1
Dinamo Zagreb - Salzbourg 1 - 5
FC Astra - Celtic Glasgow 1 - 1
FC Astra - Dinamo Zagreb 1 - 0
Celtic Glasgow - Salzbourg 1 - 3
Dinamo Zagreb - Celtic Glasgow 4 - 3
Salzbourg - FC Astra 5 - 1

Classement	Pts	J	G	N	P	BP	BC	Diff
1. Salzbourg	16	6	5	1	0	21	8	13
2. Celtic Glasgow	8	6	2	2	2	10	11	-1
3. Dinamo Zagreb	6	6	2	0	4	12	15	-3
4. FC Astra	4	6	1	1	4	6	15	-9

GROUPE E :
Panathinaïkos - Dinamo Moscou 1 - 2
PSV Eindhoven - Estoril 1 - 0
Estoril - Panathinaïkos 2 - 0
Dinamo Moscou - PSV Eindhoven 1 - 0
PSV Eindhoven - Panathinaïkos 1 - 1
Estoril - Dinamo Moscou 1 - 2
Dinamo Moscou - Estoril 1 - 0
Panathinaïkos - PSV Eindhoven 2 - 3
Estoril - PSV Eindhoven 3 - 3
Dinamo Moscou - Panathinaïkos 2 - 1
Panathinaïkos - Estoril 1 - 1
PSV Eindhoven - Dinamo Moscou 0 - 1

Classement	Pts	J	G	N	P	BP	BC	Dif
1. Dynamo Moscou	18	6	6	0	0	9	3	6
2. PSV Eindhoven	8	6	2	2	2	8	8	0
3. Estoril	5	6	1	2	3	7	8	-1
4. Panathinaikos	2	6	0	2	4	6	11	-5

GROUPE F :
Qarabag - **Saint-Étienne** 0 - 0
Dniepropetrovsk - Inter Milan 0 - 1
Inter Milan - Qarabag 2 - 0
Saint-Étienne - Dniepropetrovsk 0 – 0
Dniepropetrovsk - Qarabag 0 - 1
Inter Milan - **Saint-Étienne** 0 - 0
Qarabag - Dniepropetrovsk 1 - 2
Saint-Étienne - Inter Milan 1 - 1
Saint-Étienne - Qarabag 1 - 1
Inter Milan - Dniepropetrovsk 2 - 1
Qarabag - Inter Milan 0 - 0
Dniepropetrovsk - **Saint-Étienne** 1 - 0

Classement	Pts	J	G	N	P	BP	BC	Diff
1. Inter Milan	12	6	3	3	0	6	2	4
2. Dniepropetrovsk	7	6	2	1	3	4	5	-1
3. Qarabag Agdam	6	6	1	3	2	3	5	-2
4. Saint-Étienne	5	6	0	5	1	2	3	-1

GROUPE G :
FC Séville - Feyenoord 2 - 0
Standard Liège - Rijeka 2 - 0
Rijeka - FC Séville 2 - 2
Feyenoord - Standard Liège 2 - 1
Standard Liège - FC Séville 0 - 0
Rijeka - Feyenoord 3 - 1
FC Séville - Standard Liège 3 - 1
Feyenoord - Rijeka 2 - 0
Feyenoord - FC Séville 2 - 0
Rijeka - Standard Liège 2 - 0
FC Séville - Rijeka 1 - 0
Standard Liège - Feyenoord 0 - 3

Classement	Pts	J	G	N	P	BP	BC	Diff
1. Feyenoord	12	6	4	0	2	10	6	4
2. FC Séville	11	6	3	2	1	8	5	3
3. Rijeka	7	6	2	1	3	7	8	-1
4. Standard Liège	4	6	1	1	4	4	10	-6

GROUPE H :
Lille - FK Krasnodar 1 - 1
Everton - Wolfsburg 4 - 1
FK Krasnodar - Everton 1 - 1
Wolfsburg - **Lille** 1 - 1
FK Krasnodar - Wolfsburg 2 - 4
Lille - Everton 0 - 0
Wolfsburg - FK Krasnodar 5 - 1
Everton - **Lille** 3 - 0
FK Krasnodar - **Lille** 1 - 1
Wolfsburg - Everton 0 - 2
Lille - Wolfsburg 0 - 3
Everton - FK Krasnodar 0 - 1

Classement	Pts	J	G	N	P	BP	BC	Diff
1. Everton	11	6	3	2	1	10	3	7
2. Wolfsburg	10	6	3	1	2	14	10	4
3. FK Krasnodar	6	6	1	3	2	7	12	-5
4. Lille	4	6	0	4	2	3	9	-6

GROUPE I :
Naples - Sparta Prague 3 - 1
Young Boys - Slovan Bratislava 5 - 0
Slovan Bratislava - Naples 0 - 2
Sparta Prague - Young Boys 3 - 1
Young Boys - Naples 2 - 0
Slovan Bratislava - Sparta Prague 0 - 3
Naples - Young Boys 3 - 0
Sparta Prague - Slovan Bratislava 4 - 0
Sparta Prague - Naples 0 - 0
Slovan Bratislava - Young Boys 1 - 3
Naples - Slovan Bratislava 3 - 0
Young Boys - Sparta Prague 2 - 0

Classement	Pts	J	G	N	P	BP	BC	Diff
1. Naples	13	6	4	1	1	11	3	8
2. Young Boys	12	6	4	0	2	13	7	6
3. Sparta Prague	10	6	3	1	2	11	6	5
4. Slovan Bratislava	0	6	0	0	6	1	20	-19

GROUPE J :
Steaua Bucarest - Aalborg 6 - 0
Rio Ave - Dynamo Kiev 0 - 3
Dynamo Kiev - Steaua Bucarest 3 - 1
Aalborg - Rio Ave 1 - 0
Steaua Bucarest - Rio Ave 2 - 1
Aalborg - Dynamo Kiev 3 - 0
Dynamo Kiev - Aalborg 2 - 0
Rio Ave - Steaua Bucarest 2 - 2
Dynamo Kiev - Rio Ave 2 - 0
Aalborg - Steaua Bucarest 1 - 0
Steaua Bucarest - Dynamo Kiev 0 - 2
Rio Ave - Aalborg 2 - 0

Classement	Pts	J	G	N	P	BP	BC	Diff
1. Dynamo Kiev	15	6	5	0	1	12	4	8
2. Aalborg	9	6	3	0	3	5	10	-5
3. Steaua Bucarest	7	6	2	1	3	11	9	2
4. Rio Ave FC	4	6	1	1	4	5	10	-5

GROUPE K :
Fiorentina - **Guingamp** 3 - 0
PAOK Salonique - Dinamo Minsk 6 - 1
Dinamo Minsk - Fiorentina 0 - 3
Guingamp - PAOK Salonique 2 - 0
PAOK Salonique - Fiorentina 0 - 1
Dinamo Minsk - **Guingamp** 0 - 0
Fiorentina - AOK Salonique 1 - 1
Guingamp - Dinamo Minsk 2 - 0
Guingamp - Fiorentina 1 - 2
Dinamo Minsk - PAOK Salonique 0 - 2
Fiorentina - Dinamo Minsk 1 - 2
PAOK Salonique - **Guingamp** 1 - 2

Classement	Pts	J	G	N	P	BP	BC	Diff
1. Fiorentina	13	5	4	1	0	10	2	8
2. Guingamp	10	6	3	1	2	7	6	1
3. PAOK Salonique	7	6	2	1	3	10	7	3
4. Dinamo Minsk	1	5	0	1	4	1	13	-12

GROUPE L:
Legia Varsovie - Lokeren 1 - 0
Metalist Kharkiv - Trabzonspor 1 - 2
Trabzonspor - Legia Varsovie 0 - 1
Lokeren - Metalist Kharkiv 1 - 0
Metalist Kharkiv - Legia Varsovie 0 - 1
Trabzonspor - Lokeren 2 - 0
Legia Varsovie - Metalist Kharkiv 2 - 1
Lokeren - Trabzonspor 1 - 1
Lokeren - Legia Varsovie 1 - 0
Trabzonspor - Metalist Kharkiv 3 - 1
Legia Varsovie - Trabzonspor 2 - 0
Metalist Kharkiv - Lokeren 0 - 1

Classement	Pts	J	G	N	P	BP	BC	Diff
1. Legia Varsovie	15	6	5	0	1	7	2	5
2. Trabzonspor	10	6	3	1	2	8	6	2
3. Lokeren	**10**	**6**	**3**	**1**	**2**	**4**	**4**	**0**
4. Metalist Kharkiv	**0**	**6**	**0**	**0**	**6**	**3**	**10**	**-7**

8e de finale:
Naples - Dynamo Moscou 3 - 1 et 0 - 0
Fiorentina - AS Rome 1 - 1 et 3 - 0
Dynamo Kiev - Everton 1 - 2 et 5 - 2
Zenit Saint-Pétersbourg - **Guingamp** 2 - 0 et 2 - 1
Dniepropetrovsk - Ajax Amsterdam 1 - 0 et 1 - 1 a.p.
Wolfsburg - Inter Milan 3 - 1 et 2 - 1
FC Séville - Villarreal 3 - 1 et 2 - 1
FC Bruges - Besiktas Istanbul 2 - 1 et 3 - 1

Quarts de finale:
Fiorentina - Dynamo Kiev 1 - 1 et 2 - 0
Dniepropetrovsk - FC Bruges 0 - 0 et 1 - 0
FC Séville - Zenit Saint-Pétersbourg 2 - 1 et 2 - 2
Naples - Wolfsburg 4-1 et 2-2

Demi-finales:
FC Séville – Fiorentina 3 - 0 et 2 - 0
Dniepropetrovsk – Naples 1 - 1 et 1 - 0

Finale:
Le 27 mai, à Varsovie
FC Séville bat Dniepropetrovsk 3-2 (2-2)
45000 spectateurs
Arbitre: M. Atkinson (ENG)
Buts: Krychowiak (28), Bacca (31, 73) pour Séville, Kalinic (7), Rotan (44) pour Dniepropetrovsk
Les équipes:
FC Séville: Rico - Aleix Vidal, Daniel Carriço, Kolodziejczak, Trémoulinas - Krychowiak, Mbia - Reyes (cap.) puis Coke (58), Banega puis Iborra (87), Vitolo - Bacca puis Gameiro (82)
Dniepropetrovsk: Boyko - Fedetskiy, Douglas, Cheberyachko, Leo Matos - Kankava puis Shakhov (85), Fedorchuk puis Bezus (68) - Matheus, Rotan (cap.), Konoplyanka - Kalinic puis Seleznov (78)

LA SAISON DE L'EQUIPE DE FRANCE

> Le 4 septembre, à Saint-Denis (Stade de France)
France bat Espagne 1-0 (0-0)
79000 spectateurs
Arbitre: M. Bieri (SUI)
But: Rémy (73)
Les équipes:
France: Lloris (cap.) - Debuchy, Varane, Sakho, Evra puis Digne (67) - Matuidi puis Cabaye (67), Pogba - Sissoko puis Schneiderlin (78), Valbuena puis Cabella (74), Griezmann puis Rémy (58)- Benzema
Espagne: De Gea - Carvajal, Sergio Ramos (cap.), San José, Azpilicueta - Busquets puis Iturraspe (46), Fabregas puis Pedro (67)- Raul Garcia, Koke, Cazorla puis Isco (78) - Diego Costa puis Alcacer (67)

> Le 7 septembre, à Belgrade
Serbie et France 1-1 (0-1)
12000 spectateurs
Arbitre: W. Stark (GER)
Buts: Pogba (14) pour la France, Kolarov (80) pour la Serbie
Les équipes:
Serbie: V. Stojkovic - Ivanovic (cap), Nastasic, Mitrovic, Kolarov - Gudelj puis Kuzmanovic (61), Tadic puis Djuricic (61) - Matic - Tosic, Djordjevic puis Mitrovic (75), Markovic puis Ljajic (86)
France: Lloris (cap) - Digne, Varane, Mathieu, Sagna - Sissoko puis Valbuena (82), Cabaye, Pogba puis Matuidi (74), Schneiderlin, Cabella puis Lacazette (62) - Rémy puis Benzema (60)

> Le 11 octobre, au Stade de France
France bat Portugal 2-1 (1-0)
78000 spectateurs
Arbitre: S.Marciniak (POL)
Buts: Benzema (3), Pogba (69) pour la France, Quaresma (77 s.p.) pour le Portugal
Les équipes:
France: Mandanda - Sagna, Varane, Mangala, Evra - Pogba, Cabaye puis Sissoko (71), Matuidi (cap) – Valbuena puis Payet (58), Benzema puis Gignac (90), Griezmann puis Schneiderlin (85)
Portugal: Rui Patricio - Soares, Pepe, Bruno Alves puis Ricardo Carvalho (46), Eliseu - Tiago puis Eder (68), André Gomes puis Carvalho (46), Moutinho - Nani puis Quaresma (68), Cristiano Ronaldo (cap) puis João Mario (76), Danny puis Vieirinha (85).

> Le 14 octobre, à Erevan
France bat Arménie 3-0 (1-0)
8000 spectateurs
Arbitre: S. Kovács (ROU)
Buts: Rémy (7), Gignac (55 s.p), Griezmann (84)
Les équipes:
France: Mandanda - Jallet, Varane, Mathieu, Digne - Schneiderlin, Matuidi (cap.) puis Pogba (45) - Sissoko puis Griezmann (60), Payet puis Cabella (60), Rémy puis Valbuena (73) - Gignac puis Benzema (87)
Arménie: Berezovskiy (cap) puis Kasparov (61) - Haroyan, Arzumanian, Voskanian - Hovannissian, Mkrtchian puis Aslanyan Mamedov (90+1), A. Yedigarian puis Dashyan (58), Hayrapetian - Sarkisov puis Hambartsumyan (65), Simonyan puis R. Hovsepyan (69) - Pizzelli puis Karapetian (82)

> Le 14 novembre, à Rennes
France et Albanie 1-1 (0-1)
20000 spectateurs
Arbitre: M. Zelinka (CZE)
Buts: Griezmann (73) pour la France, Mavraj (40 pour l'Albanie)
Les équipes:
France: Lloris - Jallet, Varane, Yanga-Mbiwa, Digne puis Kurzawa (69) - Sissoko puis Schneiderlin (80), Cabaye puis Griezmann (59), Pogba - Valbuena puis Payet (85) - Lacazette puis Gignac (69), Benzema
Albanie: Berisha - Hisaj, Cana, Mavraj, Agolli - Lila puis Vila (85), Abrashi puis Ajeti (69), Kukeli puis Bulku (90+2), Lenjani puis Shala (76) - Memushaj, Cikalleshi puis Balaj (90+2).

> Le 18 novembre, à Marseille
France bat Suède 1-0 (0-0)
55000 spectateurs
Arbitre: M. Gil Manzano (Esp).
But: Varane (84).
Les équipes:
France: Mandanda - Sagna, Varane (cap.), Mangala, Kurzawa puis Digne (78) - Guilavogui puis Gonalons (83), Pogba - Griezmann, Payet puis Sissoko (61), Valbuena puis Lacazette (68) - Gignac (Benzema, 68)
Suède: Isaksson (cap.) - Krafth, Granqvist, Jansson, Bengtsson puis Wendt (46) - Larsson, Kallstrom puis Ekdal (46), Kacanikilic puis Forsberg (86) - Zengin puis Hrgota (67), Kiese Thelin puis Guidetti (67), Bahoui puis Durmaz, (46)

> Le 26 mars, au Stade de France
Brésil bat France 3-1 (1-1)
80000 spectateurs environ
Arbitre: N. Rizzoli (ITA)
Buts: Varane (21) pour la France, Oscar (40), Neymar (57), Luiz Gustavo (69) pour le Brésil
Les équipes:
France: Mandanda - Sagna, Varane, Sakho, Evra - Sissoko puis Kondogbia (74), Schneiderlin, Matuidi puis Giroud (84) - Valbuena puis Payet (82), Benzema (cap), Griezmann puis Fekir (74)
Brésil: Jefferson - Danilo, Thiago Silva, Miranda, Filipe Luis - Willian puis Douglas Costa (83), Elias puis Marcelo (90+2), Luiz Gustavo puis Fernandinho (90), Oscar puis Souza (86) - Firmino puis Luiz Adriano (88), Neymar (cap)

> Le 29 mars, à Saint-Étienne
France bat Danemark 2-0 (2-0)
36000 spectateurs
Arbitre: I. Kruzliak (SVK)
Buts: Lacazette (14), Giroud (38)
Les équipes:
France: S. Ruffier - Jallet puis Sagna (89), Varane (cap), Koscielny, Trémoulinas - Lacazette puis Matuidi (71), Schneiderlin puis Zouma (82), Payet puis Valbuena (82), Kondogbia puis Guilavogui (60), Griezmann puis Fekir (60) - Giroud
Danemark: Schmeichel - Jacobsen (cap), Kjær, Sviatchenko puis Hansen (77), Boilesen puis Christiansen (46) - Wass puis S. Poulsen (46), Kvist puis Delaney (88), Krohn-Dehli - Vibe puis Jørgensen (58), Bendtner, Eriksen puis Schöne (83)

> Le 7 juin, au Stade de France
Belgique bat France 4-3 (2-0)
70000 spectateurs
Arbitre: M. Strahonja (CRO)
Buts: Valbuena (53 sp), Fekir (89), Payet (91) pour la France, Fellaini (17, 42), Nainggolan (50), Hazard (54 sp) pour la Belgique
Les équipes:
France: Lloris (cap.) - Sagna, Varane, Koscielny, Trémoulinas - Sissoko, Cabaye puis Payet (46), Matuidi - Valbuena puis Fekir (73), Giroud puis Ntep (80), Griezmann puis Lacazette (46)
Belgique: Courtois - Alderweireld, Lombaerts, Denayer puis Dendoncker (85), Vertonghen - Witsel puis Dembélé (81), Nainggolan, Fellaini puis Chadli (77) - Mertens puis Ferreira Carrasco (59), Benteke puis Lukaku (59), Hazard (cap.)

> Le 13 juin, à Tirana
Albanie bat France 1-0 (1-0)
13000 spectateurs
Arbitre: H. Özkahya (TUR)
But: Kace (43)
Les équipes:
Albanie: Berisha - Aliji, Arlind, Cana (cap), Hysaj - Rroshi puis Sadiku (64), Lila puis Memushaj (18), Kace puis Balaj (80), Basha puis Lila (71), Lenjani puis Rama (56) - Cikalleshi puis Fejzullahu (88)
France: Lloris (cap) - Jallet puis Sagna (71), Varane, Sakho, Evra - Gonalons puis Valbuena (59), Payet puis Pogba (46), Kondogbia - Lacazette, Giroud puis Fekir (46), Griezmann puis Ntep (59)

COUPE DU MONDE FÉMININE

PHASE DE GROUPES
(les 2 premières équipes de chaque groupe et les quatre meilleures troisièmes qualifiés pour les 8es de finale)

GROUPE A
Canada – Chine 1-0
Nouvelle-Zélande - Pays-Bas 0-1
Canada - Nouvelle-Zélande 0-0
Chine - Pays-Bas 1-0
Pays-Bas - Canada 1-1
Chine - Nouvelle-Zélande 2-2

Classement	PTS	J	G	N	P	bp	bc	Diff
1. Canada	5	3	1	2	0	2	1	1
2. Chine	4	3	1	1	1	3	3	0
3. Pays-Bas	4	3	1	1	1	2	2	0
4. Nouvelle-Zélande	2	3	0	2	1	2	3	-1

GROUPE B
Norvège - Thaïlande 4-0
Allemagne - Côte d'Ivoire 10-0
Allemagne - Norvège 1-1
Côte d'Ivoire - Thaïlande 2-3
Thaïlande - Allemagne 0-4
Côte d'Ivoire - Norvège 1-3

Classement	PTS	J	G	N	P	bp	bc	Diff
1. Allemagne	7	3	2	1	0	15	1	14
2. Norvège	7	3	2	1	0	8	2	6
3. Thaïlande	3	3	1	0	2	3	10	-7
4. Côte d'Ivoire	0	3	0	0	3	3	16	-13

GROUPE C
Cameroun - Équateur 6-0
Japon - Suisse 1-0
Suisse - Équateur 10-1
Japon - Cameroun 2-1
Suisse - Cameroun 1-2
Équateur - Japon 0-1

Classement	PTS	J	G	N	P	bp	bc	Diff
1. Japon	9	3	3	0	0	4	1	3
2. Cameroun	6	3	2	0	1	9	3	6
3. Suisse	3	3	1	0	2	11	4	7
4. Équateur	0	3	0	0	3	1	17	-16

GROUPE D
Suède - Nigeria 3-3
États-Unis - Australie 3-1
Australie - Nigeria 2-0
États-Unis - Suède 0-0
Australie - Suède 1-1
Nigeria - États-Unis 0-1

Classement	PTS	J	G	N	P	bp	bc	Diff
1. États-Unis	7	3	2	1	0	4	1	3
2. Australie	4	3	1	1	1	4	4	0
3. Suède	3	3	0	3	0	4	4	0
4. Nigeria	1	3	0	1	2	3	6	-3

GROUPE E
Espagne - Costa Rica 1-1
Brésil - Corée du Sud 2-0
Brésil - Espagne 1-0
Corée du Sud - Costa Rica 2-2
Corée du Sud - Espagne 2-1
Costa Rica - Brésil 0-1

Classement	PTS	J	G	N	P	bp	bc	Diff
1. Brésil	9	3	3	0	0	4	0	4
2. Corée du Sud	4	3	1	1	1	4	5	-1
3. Costa Rica	2	3	0	2	1	3	4	-1
4. Espagne	1	3	0	1	2	2	4	-2

GROUPE F
France - Angleterre 1-0
Colombie - Mexique 1-1
France - Colombie 0-2
Angleterre - Mexique 2-1
Mexique - **France** 0-5
Angleterre - Colombie 2-1

Classement	PTS	J	G	N	P	bp	bc	Diff
1. France	6	3	2	0	1	6	2	4
2. Angleterre	6	3	2	0	1	4	3	1
3. Colombie	4	3	1	1	1	4	3	1
4. Mexique	1	3	0	1	2	2	8	-6

> Le 9 juin, à Moncton (Canada)
France bat Angleterre 1-0 (1-0)
9000 spectateurs
Arbitre: Thalia Mitsi (GRE)
But: Le Sommer (29)
Les équipes:
France: Bouhaddi - Renard, Georges, Houara, Boulleau - Henry, Abily, Necib puis Lavogez (87), Le Sommer puis Bussaglia (81) - Thomis puis Dali (71), Thiney
Angleterre: Bardsley - Scott puis Kirby (68), Rafferty, Houghton, Bronze - Williams, Bassett, Scott, Chapman puis Moore (76) - Aluko, White puis Duggan (60)

> Le 13 juin, à Moncton (Canada)
Colombie bat France 2-0 (1-0)
13000 spectateurs
Arbitre: Qin Liang (CHN)
Buts: Andrade (19), Usme (90+4)
Les équipes:
Colombie: Sepulveda - Gaitan, Clavijo, Arias, Arias - Ospina, Montoya - Velásquez, Rincon puis Echeverri (87), Vidal puis Usme (55) - Andrade
France: Bouhaddi - Renard, Georges, Houara, Boulleau - Dali puis Delie (77), Abily, Necib puis Lavogez (63), Bussaglia puis Henry (64) - Le Sommer, Thiney

> Le 17 juin, à Ottawa (Canada)
France bat Mexique 5-0 (4-0)
17000 spectateurs
Arbitre: Sachiko Yamagashi (JPN)
Buts: Delie (1), Ruiz (9 c.s.c.), Le Sommer (13, 36), Henry (80)
Les équipes:
France: Bouhaddi - Renard, Georges, Houara, Majri - Boulleau puis Delannoy (78), Henry - Abily puis Bussaglia (70), Le Sommer puis Thiney (63) - Thomis, Delie
Mexique: Santiago - Robles, Garciamendez, Miranda, Corral puis Romero (46) - Espionoza, Ruiz - Rangel puis Murillo (83), Mayor - Ocampo, Perez

HUITIÈMES DE FINALE
Allemagne - Suède 4-1
Chine - Cameroun 1-0
Australie - Brésil 1-0
France - Corée du Sud 3-0
Canada - Suisse 1-0
Angleterre - Norvège 2-1
États-Unis - Colombie 2-0
Japon - Pays-Bas 2-1

> Le 21 juin à Montréal
France bat Corée du Sud 3-0 (2-0)
20000 spectateurs
Arbitre: Salome Di Lorio
Buts: Delie (5, 48), Thomis (8)
Les équipes:
France: Bouhaddi - Renard, Georges, Houara, Boulleau - Henry, Abily puis Hamraoui (77), Necib, Le Sommer puis Thiney (74) - Thomis, Delie puis Diani (84)
Corée du Sud: Kim - Lee, Shim, Kim, Kim - Jeon, Cho - Kwon puis Lee (60), Kang puis Park (78), Park puis Yoo (55) - Lee.

Quarts de finale
Allemagne - **France** 1-1 a.p. (5 tab à 4)
États-Unis - Chine 1-0
Australie - Japon 0-1
Angleterre - Canada 2-1

> Le 26 juin, à Montréal
Allemagne bat France 1-1 après prolongation, 5 tirs au but à 4 (0-0, 1-1)
24859 spectateurs
Arbitre: Carol Anne Chenard (CAN)
Buts: Sasic (84 s.p.) pour l'Allemagne, Necib (64) pour la France
Tirs au but: Behringer, Laudehr, Peter, Marozsan, Sasic pour l'Allemagne, Thiney, Abily, Necib, Renard, Lavogez (arrêté) pour la France
Les équipes:
Allemagne: Angerer - Maier, Krahn, Peter, Kemme - Goessling puis Behringer (79), Leupolz - Laudehr, Mittag puis Marozsan (46), Popp puis Daebritz (70), Sasic
France: Bouhaddi - Houara d'Hommeaux, Georges, Renard, Majri - Thomis puis Lavogez (69), Abily, Henry, Necib - Le Sommer puis Thiney (91), Delie puis Hamraoui (101).

DEMI-FINALES
États-Unis - Allemagne 2-0
Japon - Angleterre 2-1

MATCH POUR LA 3e PLACE
Allemagne - Angleterre 0-1

FINALE
> Le 5 juillet 2015, à Vancouver (Canada)
États-Unis battent Japon 5-2 (4-1)
53341 spectateurs
Arbitre: Kateryna Monzul (UKR)
Buts: Lloyd (3, 5, 16), Holiday (14), Heath (54) pour les États-Unis, Ogimi (27), Johnston (52, csc) pour le Japon
Les équipes:
États-Unis: Solo - Krieger, Johnston, Sauerbrunn, Klingenberg - Holiday, Brian - Heath puis Wambach (79), Lloyd, Rapinoe puis O'Hara (61) - Morgan puis Rampone (86)
Japon: Kaihori - Ariyoshi, Iwashimizu puis Sawa (33), Kumagai, Sameshima - Kawasumi puis Sugasawa (39), Sakaguchi, Utsugi, Miyama - Ohno puis Iwabuchi (60), Ogimi